LECCIONES PRACTICAS PARA EL CANTO

James C. McKinney

Bruce Muskrat
Traductor

Annette H. Herrington
Revisión y Adaptación

EDITORIAL MUNDO HISPANO

EDITORIAL MUNDO HISPANO
7000 Alabama Street, El Paso, TX 79904, EE. UU. de A.
www.editorialmh.org

Nuestra pasión: Comunicar el mensaje de Jesucristo y facilitar la formación de discípulos por medios impresos y electrónicos.

Lecciones prácticas para el canto. © Copyright 1991. Editorial Mundo Hispano, 7000 Alabama Street, El Paso, Texas 79904, Estados Unidos de América. Traducido y publicado con permiso. Todos los derechos reservados. Prohibida su reproducción o transmisión total o parcial, por cualquier medio, sin el permiso escrito de los publicadores.

Publicado originalmente en inglés bajo el título *"Five Practical Lessons in Singing"*, 1982 por Convention Press.

Ediciones: 1991, 1992, 1997, 2000, 2002, 2004, 2006, 2007
Novena edición: 2009

Clasificación Decimal Dewey: 784.93

Tema: Música vocal – Estudio y enseñanza

ISBN: 978-0-311-32405-7
E.M.H. Art. No. 32405

750 8 09

Impreso en Colombia
Printed in Colombia

Contenido

Lección 1. El Cuidado y la Mantención de la Voz 5
    ¿Cómo funciona la voz?
    Preparación del cuerpo para cantar
    Preparación de la voz
    Un consejo sabio

Lección 2. La Forma Que Está por Demostrarse 19
    ¿Importa la postura?
    Algunas consideraciones sobre la postura
    El apoyo del instrumento vocal
    "Espejo, espejo, ¿qué me dices?"

Lección 3. Sopla en el Aire 35
    ¿De qué se mantiene la voz?
    Conservación de recursos naturales
    Poco a poco uno llega lejos
    La felicidad es la buena respiración
    Cómo evitar un neumático desinflado

Lección 4. Algo Hermoso Es un Gozo para Siempre 51
    ¿De dónde vienen los sonidos hermosos?
    ¿Cómo hago arrancar mi motor vocal?
    ¿Qué hacer cuando las cosas salen mal?
    Vibraciones buenas

Lección 5. Comunicar o No Comunicar:
    Esta Es la Pregunta 65
    Un regalo de Dios para los que cantan
    La esencia del buen tono
    Cómo convivir con las consonantes
    Una vez más, con expresión

Actividades para el Aprendizaje Personal 77

Lección 1

El Cuidado y la Mantención de la Voz

¿Cómo Funciona la Voz?

Se ha preguntado alguna vez: ¿cómo funciona mi voz? El canto es una cosa tan natural y de tanto gozo para la mayoría de las personas, que pocas veces se dedica un momento para pensar en cómo cantar. A menos que la canción le resulte demasiado aguda o demasiado grave o que uno esté afónico o le duela la garganta, ni piensa en la función vocal. Pero si quiere llegar a ser un cantante bien entrenado, es valioso entender lo que ocurre cuando canta. Una buena manera de aprenderlo es comparar la voz humana con otros instrumentos musicales.

Cualquier instrumento musical tiene por lo menos tres componentes que le permiten funcionar correctamente: (1) el vibrador, que se mueve en el aire produciendo ondas sonoras; (2) una fuente de energía que pone en movimiento el vibrador; y (3) el resonador, que aumenta y mejora la calidad del sonido. Por ejemplo, cuando una persona toca la trompeta, el aliento de la respiración es la fuente, los labios forman el vibrador, y el cuerpo del instrumento es el resonador. Si la persona junta los labios y los pone en contacto con la embocadura y sopla el aire entre ellos, empezarán a vibrar y formarán ondas sonoras. Al pasar por los tubos de la trompeta, el sonido se amplifica y mejora en calidad de la que tendría si el ejecutante soplara sólo con la embocadura.

Hay tres tipos básicos de instrumentos musicales: **instrumentos de viento, instrumentos de cuerda** e **instrumentos de percusión.** En los **instrumentos de viento**, tales como el trombón, el clarinete, el oboe y la tuba, la respiración de la persona que toca es la fuente de aliento; los labios o las lengüetas que se ponen en contacto con la embocadura son los vibradores; y el cuerpo del instrumento es el resonador.

En los instrumentos de cuerda, tales como el violín, el arpa, y la guitarra, se produce la vibración al frotar, picar o golpear las cuerdas tirantes; el cuerpo del instrumento es el resonador.

En el grupo de percusión, se produce la potencia por medio de un palillo sostenido por el ejecutante; el objeto golpeado es el vibrador, y el cuerpo del instrumento es el resonador. Por ejemplo, con el bombo grande, el ejecutante golpea el palillo contra la tapa (membrana) del bombo, la membrana vibra y el cuerpo (caja) del bombo es el resonador.

Su voz es un instrumento musical también, pero no es uno de los tres tipos básicos. Se parece más a los instrumentos de viento, especialmente a los de bronce como la trompeta y el trombón. La fuente de potencia de la voz es la respiración del cantante, y el vibrador es el conjunto de las cuerdas vocales. Las cuerdas vocales se ubican en la caja vocal (laringe) y funcionan en forma similar a los labios del trompetista. De hecho, a veces se llaman los labios vocales. Cuando las cuerdas vocales se juntan y el aire pasa entre ellas, empiezan a vibrar produciendo así las ondas sonoras.

El resonador de la voz humana es un poco complejo. Sus componentes principales son la garganta, la boca y la nariz del cantante. Según el sonido que se emite, estos componentes trabajan en conjunto cumpliendo la función de los tubos de la trompeta para reforzar el sonido vocal y mejorar su calidad. Aprender a ajustar la garganta, la boca y la nariz para lograr un mejor sonido (afinar el resonador) es una de las habilidades clave que el cantante debe adquirir.

Si algún sonido vocal sale mal, el problema puede encontrarse en uno o más de los tres componentes del instrumento vocal: la respiración, las cuerdas vocales, o el resonador. Por esto conviene tener una idea clara del funcionamiento de la voz.

Preparación del Cuerpo para Cantar

¿Alguna vez ha visto un partido de fútbol, o los juegos olímpicos, o cualquier otro tipo de evento atlético? ¿Qué es lo primero que hacen los atletas después de entrar a la cancha o a la pista? Ningún atleta competente intentaría correr, saltar o ejecutar su habilidad particular sin antes cumplir con una serie de ejercicios de flexibilidad y soltura diseñados a preparar su cuerpo para la acción, y para llevar sus músculos a un estado ideal de *tono*.

La definición de *tono* aquí es un estado normal de suave tensión continua en los músculos que facilita una respuesta a un estímulo. En otras palabras, el cuerpo ni está demasiado tenso ni demasiado relajado; sin embargo, está listo para moverse con rapidez y facilidad. Así el cantante necesita cumplir con ejercicios preparatorios **antes** de empezar a cantar.

Muchos cantantes tienen el hábito de empezar a cantar con la voz a pleno sin haber hecho ningún esfuerzo previo para preparar la voz ni para alistar el cuerpo para el trabajo de la producción vocal. Muchos de los problemas que se encuentran en el canto pueden evitarse con la preparación correcta del cuerpo como unidad completa. Es una buena idea establecer una rutina de gimnasia preparatoria para usar antes del ensayo o la presentación pública. Mientras no tenga un sistema propio de preparación, utilice la siguiente rutina.

Ejercicios para la Preparación Corporal:
1. Hacer algunos ejercicios generales para flexionar y estirar el cuerpo, tales como: (1) elevar las manos lo más alto posible, seguido por el descanso; repítalo varias veces; (2) tocar los pies con las dos manos; (3) tocar el pie izquierdo con la mano derecha y después el pie derecho con la mano izquierda; repítalo varias veces; (4) mover el torso hacia ambos lados doblando la cintura; (5) doblar profundamente las rodillas en cuclillas.

2. Aflojar los músculos del cuello por (1) girar la cabeza en círculos en una dirección varias veces, y después en dirección contraria; luego dejándola caer hacia adelante; (2) mover la cabeza como en un gesto afirmativo uniendo la barbilla con el pecho y la parte de atrás de la cabeza con la espalda. (Esto se llama el "Sí", o el cabeceo del elefante.)
3. Aflojar los hombros y los músculos de los brazos por (1) mover los hombros en círculos, primero hacia atrás y luego hacia adelante varias veces; (2) con los brazos colgados libremente hacia los costados, sacudir las manos rápidamente mientras que mantiene los antebrazos lo más sueltos posible.
4. Aflojar los músculos de las piernas poniéndose de pie con los pies juntos, y sin levantar los dedos del suelo, subir cada talón alternadamente como si anduviera en forma estacionaria. Poco a poco aumentar la velocidad hasta que las piernas parezcan vibrar.
5. Aflojar los músculos de la mandíbula por (1) permitir caer libremente la mandíbula mientras que dice "ya, ya, ya, ya, ya"; (2) hacer como si mordiera una manzana grande o masticara mucho chicle.
6. Hacer pasar burbujas de aire entre los labios hasta que haga un sonido parecido a una motonave o una motocicleta.

Estos ejercicios están diseñados para mejorar el tono muscular en general y quitar toda tensión innecesaria de aquellas áreas del cuerpo que se usan en el canto. Después de hacerlos, el cuerpo debe sentirse más vivo y vibrante, y a la vez, libre y listo para moverse. El asegurarse de que el cuerpo esté listo para cantar es uno de los mejores hábitos que el cantante puede formar.

Preparación de la Voz

Aunque el cuerpo entero pueda estar listo para empezar a cantar, no es aconsejable comenzar a cantar muy agudo o fuerte, hasta que la voz esté completamente preparada.

Al buen jugador de béisbol no le interesa saber cuán lejos puede tirar la pelota cuando está cumpliendo su rutina preparatoria; tampoco intenta el lanzador ("pitcher") conocer con cuánta rapidez puede lanzar la pelota en su primer tiro preparatorio. Después de alistar completamente todo el cuerpo, empezará a lanzar la pelota con facilidad y rítmicamente hasta que esté seguro de que todos los músculos funcionan correctamente y que puede manejar con soltura la pelota. Entonces aumentará gradualmente la cantidad de energía usada hasta que alcance el punto máximo que pueda controlar, siempre teniendo el cuidado de no pedir a los músculos que hagan más de lo que puedan hacer.

El cantante debe preparar su voz de la misma manera. Después de preparar todo el cuerpo, empieza a cantar suave, rítmicamente en un registro cómodo. No intente saber cuán alto, grave, fuerte o suave puede cantar hasta que esté seguro de que todos los músculos asociados con el ejercicio vocal estén funcionando correctamente y que la sensación física de la voz sea buena. Ahora, sí, uno puede comenzar a explorar lo alto y lo grave de la extensión vocal siempre con el cuidado de no pedir a su voz más de lo que es capaz de hacer.

Es mejor cantar a un nivel moderadamente fuerte, pero sin esforzar, hasta que la voz esté completamente preparada, porque la voz tiende a trabajar con la mayor eficiencia en este nivel. Aún después de que la voz esté bien preparada, es una buena idea evitar los ejercicios que permanecen en los extremos de la extensión vocal (o sea, tonos graves y agudos). Pueden resultar demasiado agotadores, aun para el cantante bien experimentado. Es mejor realizar la mayor parte del canto en la extensión central o medio grave de la voz, y de allí poco a poco agregar tonos agudos y graves como si tratara de estirar la extensión vocal en las dos direcciones.

Ciertos sonidos son mejores que otros para la preparación vocal. La sílaba "ya" es buena porque ejercita tanto la mandíbula como la lengua. Aquellas sílabas con sonidos de "m" y "n", tales como "un, no, son, din, mamá, nene", son buenas pues estas consonantes nasales le ayudan a experimentar un sonido bien resonante y retumbante y facilitan asimismo la iniciación del sonido.

Buenos ejercicios de preparación son aquellos que hacen mover los labios, la lengua y la mandíbula; los que tienen una extensión cómoda para facilitar la iniciación de los sonidos; y aquellos que ayudan a establecer la educación vocal correcta.

Hasta que haya establecido una rutina de preparación vocal propia, intente el siguiente sistema.

Ejercicios de preparación vocal:
1. Concéntrese en un sonido fácil y continuo en la sílaba "un", pasando luego, lento y suavemente de un tono al próximo con un murmullo en la consonante "n". Pase la voz hacia abajo por semitonos usando un patrón de dos compases hasta que llegue al tono más grave que pueda cantar *cómodamente*. Después, regrese al tono original y haga lo mismo, pero hacia arriba. Repita el ejercicio en sílabas diferentes, o cambie las sílabas en cada patrón de dos compases. (Estos ejercicios empiezan en tonalidades medianas o medio graves. Puede ser que algunas voces

agudas necesiten comenzar un poco más arriba.)
2. Este ejercicio debe hacerse a una velocidad moderadamente rápida, y en forma activa utilizando la mandíbula, la lengua y los labios según la necesidad. Suba por semitonos con el mismo patrón, pero solamente hasta el punto en que pueda cantar cómodamente. Intente también las demás sílabas sugeridas.
3. Siga el mismo procedimiento del ejercicio No. 2. Cuando lo haga con facilidad, inténtelo varias veces aumentando la velocidad.
4. Trate de lograr un flujo tonal bien parejo; intente varias sílabas diferentes. Termine cuando los tonos agudos sean incómodos.

Al experimentar con distintos ejercicios y sílabas, descubrirá que algunos le parecen más eficaces. Aprenda a aprovechar los de mayor utilidad para obtener un mejor resultado final. La preparación correcta de la voz antes de cantar es una buena póliza de seguros "vocal" para el cantante.

Un Consejo Sabio

La persona que goza de buena salud y que además cuida su voz debe poder cantar aun cuando sea de edad avanzada. Hay varias ideas con sentido común que ayudan a preservar la buena salud y a la vez ayudan a proteger la voz:

(1) un programa regular de ejercicio físico

(2) una dieta o régimen balanceado

(3) descanso suficiente

(4) evitar el tabaco y las drogas

(5) formar el hábito de control propio. (Evitar excesos de cualquier tipo.)

Según la Biblia, el cuerpo es templo del Dios viviente. El primer paso en el cuidado de la voz es vigilar que el templo esté en buenas condiciones.

El segundo paso en el cuidado de la voz es aprender a vivir con la tensión adecuada. Un poco de tensión es necesaria, pues es la fuerza dinámica que opera en el cuerpo; pero demasiada tensión es el enemigo más peligroso del cantante. La gran tentación de cualquier cantante es exagerar en todo: respirar demasiado aire, empujar o apretarlo demasiado, endurecer el cuerpo tanto que llegue a estar rígido, o apretar los músculos de la garganta, mandíbula, lengua o labios hasta que casi no puedan moverse.

Uno de los secretos principales de la libertad vocal es aprender a no interferir con la voz, o sea, permitir que fluya en vez de forzarla. Hay que convencerse a sí mismo de que los controles principales de la voz son mentales; entre más se intenta controlarla por esfuerzo muscular local, menos oportunidad hay de lograrlo. El cuerpo debe mantener la sensación de *tono* que los ejercicios de preparación establecieron: esta sensación comprende el cuerpo vivo y vibrante, libre para moverse bajo la dirección mental.

No hay nada en el mecanismo vocal que pida mucha fuerza. Subir un piano requiere mucho esfuerzo muscular. En cambio, ¡subir un tono musical requiere muy poca fuerza! La lección 2 le mostrará algunas maneras para evitar demasiada tensión.

El tercer paso en cuidar la voz es aprender a no dañarla por la manera en que uno canta. Conviene aprender a reconocer el momento en que la voz reclame ayuda. Desafortunadamente, no es siempre tan fácil como parece. Si coloca un dedo sobre una superficie muy caliente o fría, no pasaría mucho tiempo hasta que el dedo le comunique al cerebro lo que está sucediendo y uno reacciona.

Las cuerdas vocales son muy pequeñas y bastante débiles, y no son capaces de proveer mucha información en cuanto a su condición. De hecho, es posible abusar de la voz hasta el punto de tener laringitis sin que se sienta demasiada incomodidad en las cuerdas vocales mismas. Esto es lo que ocurre cuando uno se emociona y comienza a gritar demasiado en un partido de fútbol o cuando uno canta al aire libre en un clima demasiado frío. De repente la voz deja de funcionar; sin embargo, uno no siente verdadero dolor.

Ponerse afónico, es una señal de que la voz está reclamando ayuda. Si la voz se cansa después de cantar solamente unos pocos minutos, es una llamada de atención. Si la extensión vocal disminuye después de haber cantado unos pocos minutos (o sea, los tonos agudos o los tonos graves empiezan a desaparecer), es otra indicación de que sus cuerdas vocales requieren ayuda. Estos ejemplos no se presentan para asustarlo, sino que están diseñados para señalarle algunos posibles problemas vocales. Afortunadamente, la voz humana normalmente es muy flexible y puede sufrir mucho castigo antes de que se dañe en forma permanente.

Una voz sana, usada correctamente y clasificada correctamente en cuanto al registro, debe poder cantar hasta dos o tres horas sin fatiga vocal significativa. Si no puede hacerlo, hay tres causas posibles:
(1) no está cantando dentro de su extensión correcta (o sea, canta constantemente demasiado agudo o demasiado grave);
(2) su técnica para cantar no es la correcta (o sea, está forzando la emisión vocal);
(3) tiene una enfermedad vocal o un problema fisiológico y necesita la ayuda de un especialista médico.

La voz humana muchas veces es uno de los primeros indicadores de que algo anda mal con el cuerpo; ella puede llegar a estar afónica, débil, ronca, tener cortedad de aliento o mostrar otros síntomas. Si experimenta períodos frecuentes de diafonía o de fatiga vocal, es aconsejable consultar un especialista médico. El médico puede decirle si necesita ayuda médica o solamente un buen profesor de canto.

La mejor manera de cultivar la potencia, la fuerza y la agilidad vocal es a través del ejercicio diario de la voz. Unos pocos minutos invertidos en el desarrollo de la voz cada día es mucho más eficaz que varias horas en un solo día cada semana. Forme el buen hábito del ensayo regular, y recuerde hacer los ejercicios para alistar el cuerpo y la voz completamente antes de usar la energía vocal. Después de esta preparación, invierta algunos momentos en el canto de himnos y canciones familiares. Lo encontrará agradable y le ayudará a cuidar y cultivar la voz.

Lección 2

Lo Que Está por Demostrarse

¿Importa la Postura?

¿Ha notado alguna vez que todos los cantantes no se paran de la misma manera? Algunas personas piensan que no importa la postura; creen que mientras uno se vea "natural", la voz probablemente saldrá bien. Otras personas le dan mucha importancia a cierto tipo de postura. ¿Realmente importa la postura? La respuesta a esta pregunta es un resonante "¡Sí!"

Uno debe practicar la buena postura hasta que llegue a ser un buen hábito, por lo menos por estas seis razones:

1. La buena postura cansa menos que la mala postura o la postura perezosa porque permite que los huesos sirvan de apoyo para el cuerpo y que los músculos ubiquen el cuerpo en buena posición con el mínimo de esfuerzo y cansancio.

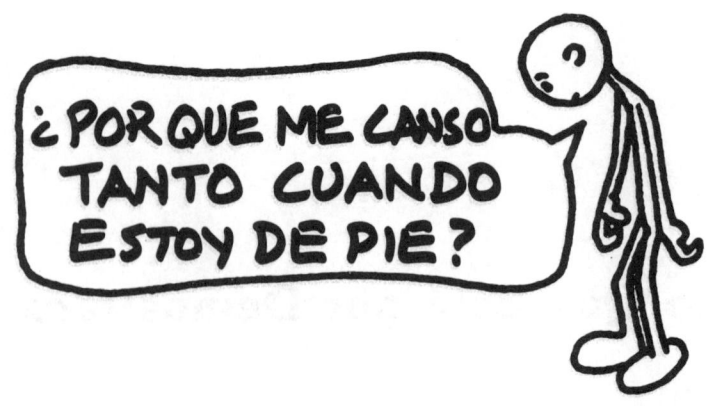

2. La buena postura automáticamente coloca al mecanismo de respiración en la posición más eficiente; así facilita la buena respiración.

3. La buena postura mejora la apariencia física. Los oyentes tendrán un buen concepto del cantante porque parece más alerta, con más vigor y con mejor aspecto que los que tienen mala postura.

4. La buena postura automáticamente coloca el mecanismo vocal en la posición más eficiente, logrando facilitar así mejor producción tonal.

5. La buena postura puede ayudarle a sentirse mejor físicamente y más confiado emocionalmente. Puede obtener muchos beneficios sicológicos de la buena postura.

6. La buena postura beneficia la salud en general y el bienestar. Cada miembro del cuerpo puede cumplir su función más eficazmente cuando la postura es correcta.

Al considerar el concepto total, los puntos a favor de la buena postura son convincentes. La persona que busca establecer la buena postura como hábito regular gana en todo y no pierde nada.

Algunas Consideraciones sobre la Postura

Se debe practicar la buena postura hasta que llegue a ser una segunda naturaleza (igual que ponerse los zapatos cómodos o el traje favorito). De la misma manera, cuando uno ensaya, debe cuidarse de la postura tanto como cuando canta en público. Evite encorvarse sobre el piano cuando practica. Es una ventaja sicológica definitiva no tener que cambiar la postura solamente porque canta delante de alguien.

La actitud mental del cantante en cuanto a la postura es sumamente importante. Para lograr una buena postura hay que pensar en ella positivamente. Intente imaginar que las siguientes palabras se usan para describir su postura: "derecha, equilibrada, flotante, expansiva, viva, alta, libre para moverse, flexible, suelta, feliz". Algunas de estas palabras pueden ser más significativas para usted que otras; si es así, concéntrese en ellas. Evite cualquier sensación de rigidez y no se tense en una sola posición.

Cultive el hábito de practicar frente a un espejo grande. Es una buena manera de evitar aquellos gestos y movimientos distrayentes que algunos cantantes adoptan. Haga que el espejo refleje bien lo que está pensando; si no lo hace, experimente hasta que lo logre. Algunos cantantes no utilizan el espejo cuando practican; ¡Qué pena!, porque es una de las maneras mejores y más rápidas de enmendar problemas de postura y evitar movimientos bruscos. Si uno puede satisfacerse a sí mismo en cuanto a su apariencia, puede satisfacer a la mayoría de las personas.

En la primera lección la tensión se identificó como el enemigo número uno del cantante. El pensamiento positivo puede lograr mucho en cuanto a mantenerla bajo control. Es ridículo hablar de eliminar la tensión; el cuerpo no puede funcionar sin ella. Sin embargo, la tensión excesiva es la que hay que reconocer y evitar.

La primera lección trató de la importancia de relajar el cuerpo, asegurándose de que funcione correctamente antes de que uno intente cantar. Otra manera de evitar la tensión es aprender dónde puede ocurrir y estar alerta para prevenirla. Algunas de estas áreas problemáticas se tratarán en la próxima sección sobre la buena postura.

El Apoyo del Instrumento Vocal

Es obvio que el trompetista o cualquier otro instrumentista tiene que sostener el instrumento en cierta posición para obtener el mejor resultado. No es tan aparente en un cantante, sin embargo es lo mismo. Aunque sea posible cantar en una posición reclinada (como a veces tienen que hacer los cantantes de ópera), parece lógico que haya una manera que sea la mejor de apoyar o sostener el instrumento vocal. La buena postura en el canto muy pocas veces ocurre natural o accidentalmente; hay que aprenderla y después practicarla hasta que llegue a ser un hábito.

La mejor manera para empezar a aprender la buena postura es de pie. Una buena base es tan importante para un cantante como la es para un edificio. Una vez echada la base, es más fácil ver la relación correcta entre los demás miembros corporales.

Los Pies.
Los pies deben estar más o menos juntos con la punta de uno un poco delante del otro. El espacio entre los pies variará según el tamaño y altura de la persona. Una persona de estatura pequeña puede verse un poco ridícula si los pies están tan separados como los de una persona alta, mientras la persona alta estará más cómoda en esa posición.

Algunos profesores creen que una joven con tacón alto tiene mejor apariencia en una plataforma, si ella se coloca con el tacón de un pie tocando el costado del otro. En todos los demás casos los pies deben estar un poco separados.

Realmente no importa cuál pie está adelante, aunque algunos cantantes tienen una fuerte preferencia por uno o por el otro. De hecho, en una presentación o recital largo es una buena idea intercambiar el pie que está adelante de vez en cuando para evitar la tensión y la fatiga.

El peso del cuerpo debe estar igualmente distribuido entre los pies para centrar el peso hacia adelante en los puntos de apoyo de los pies. Evite cualquier tendencia a permitir que el peso se apoye en los talones de los pies; así puede causar tensión en los músculos de las piernas y resultar en un desalineamiento del cuerpo. Si uno balancea el peso y coloca los pies correctamente, debe parecer muy natural y debe sentirse cómodo.

Las Piernas.

Dado que las piernas ayudan a apoyar el cuerpo, es imposible que se sientan completamente relajadas, aun cuando uno tenga buena postura. Lo ideal es que las piernas estén completamente flexibles y listas para moverse en cualquier momento. Evite cualquier sensación de rigidez y no se encierre en una sola posición. Las piernas, el tórax y la cabeza deben formar (en lo posible) una línea recta que va desde un punto entre los talones hasta encima de la cabeza. (Debe ser así, no importa si la persona se observa de frente o de perfil.)

Si cualquier músculo está bajo tensión por demasiado tiempo sin permitir que se relaje, tiende a temblar, ¡y a veces, violentamente! Casi todos los cantantes se preocupan por este problema en un momento u otro, hasta que aprenden la buena postura y cómo reducir la tensión. Cuidado de no tensar demasiado los músculos en las pantorrillas de las piernas. Los ejercicios recomendados en la primera lección pueden ayudarle a evitar este problema.

Las Rodillas.

Las rodillas deben sentirse sueltas y listas para moverse en cualquier momento. Se debe evitar estirarlas hacia atrás porque puede desalinear todo el cuerpo, crear tensión innecesaria e interferir en la circulación sanguínea. Algunos profesores sugieren que flexione las rodillas levemente para asegurar su soltura y evitar la tensión.

Las Caderas.
Las caderas deben estar simétricamente colocadas con respecto a la línea recta trazada entre los pies y la cabeza. Ninguna parte de la cadera debe salir por un lado u otro, y debe la parte posterior llevarla hacia abajo y adentro, como si intentara enderezarse. Evite cualquier sensación de rigidez o esfuerzo físico.

El Abdomen.
Al tratar la postura y la respiración, es de ayuda pensar en el abdomen como dividido en dos partes: la parte inferior y la parte superior. La parte inferior se sitúa entre la cintura y la pelvis, y la parte superior entre la cintura y las costillas.

La posición de la parte inferior del abdomen tiene un papel clave en la buena postura. Uno debe sentir que ésta se mantiene cómodamente, o que se lleva levemente hacia adentro. Si se le permite hincharse, la curvatura en la columna será muy pronunciada y las asentaderas también saldrán demasiado, perdiendo así el alineamiento corporal. Por otro lado, llevarla demasiado adentro puede crear tensión y hacer un esfuerzo sin sentido que se debe evitar. Recuerde mantener la parte inferior del abodomen apoyada *cómodamente*.

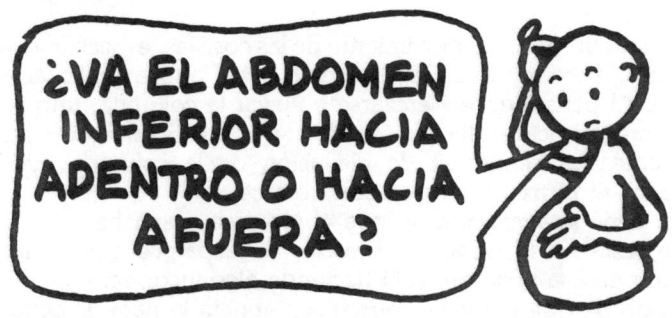

La parte superior del abdomen se relaciona con la buena respiración. Uno debe sentirla libre para moverse en cualquier momento. Estirar o empujar demasiado la parte superior del abdomen puede causar tensión excesiva e interferir negativamente en la respiración y la emisión vocal. Evite la tentación de tensar demasiado esta área cuando trate de establecer la buena postura.

La Espalda.
Imagine que está de pie lo más derecho posible; notará una sensación de elevación que corre por toda la columna. Esta elevación de la columna forma una parte vital de la buena postura. A la vez, imagine su espalda tan ancha como sea posible.

Otro modo positivo es pensar que uno endereza la cintura. Al hacerlo, fíjese en que la parte inferior del abdomen se hunde suavemente y que las asentaderas se colocan hacia abajo y adentro inconscientemente. El pensar en enderezar la espalda, también ayuda a lograr la elevación de la columna y la posición correcta del tórax. Este acto bien sencillo puede resultar bastante beneficioso.

El Tórax.

El tórax debe estar cómodamente alto todo el tiempo; debe adoptar esta posición *antes* de respirar o cantar. El tórax no necesita moverse hacia arriba o hacia abajo al inhalar o exhalar, sino que debe quedarse relativamente quieto y estacionario.

Habrá un poco de movimiento de las costillas, especialmente las inferiores, pero el tórax en general debe quedar relativamente estable. Al pensar en enderezarse y elevar la columna, uno puede lograr una posición alta y cómoda del tórax sin ningún esfuerzo consciente. La sensación de elevación de la columna ayuda a mantener el tórax en su posición correcta.

Si tiene la sensación de que el tórax se ensancha, y lo siente liviano, está en la posición correcta. Si le parece que tiene que apoyarlo en esa posición, está haciendo algo incorrecto. Evite toda sensación de que el pecho musculoso aprieta la parte superior del abdomen. ¡Permita que los pensamientos, y no los músculos, lo sostengan!

Los Hombros.

Los hombros deben moverse suavemente hacia atrás y luego permitir que caigan en una forma natural hasta que sienta como que los brazos están colgando de las articulaciones de los hombros. No deben moverse hacia arriba ni hacia adelante mientras que respira o canta, sino que deben quedarse en esta misma posición. Cuando los hombros queden fijos, es mucho más fácil mantener cómodo el tórax en una posición alta y también sentir la elevación de la columna.

No debe haber ninguna sensación de que los hombros sean forzados en esa posición o que estén apretados; a su vez debe haber un sentir de tensión suelta, como si acabaran de dejar un gran peso. Evite cualquier sensación de rigidez.

Los Brazos y las Manos.
Cuando logre la posición correcta de los hombros, los brazos colgarán en forma natural y libre a cada costado. Esta es la posición preferida por la mayoría de los cantantes. Las manos son extensiones de los brazos; como los brazos ellas también cuelgan naturalmente a los costados y están lo más libres posible de tensión. Evite gestos nerviosos: tales como frotar los dedos, cerrar los puños, tocarse la ropa, mover los dedos o manos, o tensar los brazos. Estos movimientos no añaden nada al canto y muchas veces resultan en una distracción para el auditorio.

Algunos cantantes prefieren apoyar las manos frente al cuerpo. Es aceptable mientras parezca natural y las manos y los brazos no estén demasiado tensos. Cerrar los puños o tensar los músculos del brazo puede causar tensión en el cuerpo entero, incluyendo el mecanismo vocal también. Apoyar las manos sobre un piano, un atril o púlpito también es aceptable, si da buena presentación y si evita la tensión.

Cuando uno canta con un libro, apóyelo en la palma de una mano, usando la otra mano para dar vuelta a las páginas. Evite más tensión en sus brazos de la que sea necesaria para apoyar el libro. El cambiar de una mano a otra de vez en cuando puede reducir la tensión y la fatiga.

La Cabeza.

La cabeza debe estar en línea recta con el resto del cuerpo y céntricamente situada con respecto a los hombros, si se observa de frente o de perfil. Las dos ideas gemelas de estar de pie bien derecho y de estirar o elevar la columna le ayudarán a colocar la cabeza en la posición correcta.

No permita que la cabeza se incline delante de los hombros (como un pájaro grande), ni tampoco que caiga hacia atrás. Los ojos deben estar al mismo nivel, con la barbilla un poco hacia abajo. Mucha gente la eleva demasiado cuando canta; el pensar en estirar o elevar la nuca del cuello le ayudará a encontrar la mejor posición para la barbilla.

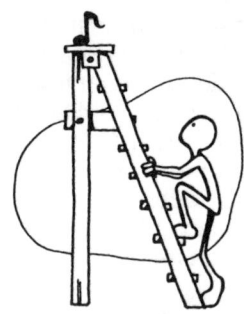

Cuando canta, mantenga la cabeza y los ojos al mismo nivel. Evite el mal hábito de subir la barbilla para "ayudarle" a alcanzar los tonos agudos. Si hay una cosa clave para cantar los tonos agudos, ¡es que la barbilla esté un poco más *baja*! Si tiene que mirar arriba, eleve solamente los ojos, no toda la cabeza. Cuando la nuca del cuello está estirada y la barbilla hacia abajo, uno puede mover la cabeza libremente de un lado al otro sin afectar negativamente el sonido. Algo de movimiento es bueno pues le permite evitar una posición fija y rígida, y le permite la libertad para comunicar de la mejor manera.

La Posición Sentado.

Cuando uno está sentado, el apoyo principal para el peso debe provenir del asiento de la silla, así que las piernas y los pies no importan tanto como cuando está de pie. De las asentaderas para arriba, sin embargo, uno debe sentir casi lo mismo que al estar de pie. El tórax y la cabeza deben estar en línea recta, manteniendo la sensación que está sentado derecho con la columna estirada. Siéntese con las caderas bien al fondo de la silla y piense en la columna estirada. Uno puede inclinarse hacia adelante o atrás desde las caderas sin afectar la capacidad para cantar bien, mientras se mantenga el alineamiento correcto del cuerpo.

La posición de los pies al sentarse debe ser la misma que al estar de pie. Esto hace posible ponerse de pie sin cambiar de posición y, además, da mejor apariencia estéticamente. Si uno no apoya la partitura musical, las manos deben apoyarse en el regazo. Es mejor evitar las sillas con brazos; si hay que cantar en una, tenga cuidado de no subir los hombros.

Pensamientos Finales sobre la Buena Postura.

Ya ha aprendido algo en cuanto a los miembros del cuerpo y su relación con la buena postura. En determinado momento, estos miembros tienen que comenzar a trabajar en conjunto como una unidad integral, para que la postura llegue a ser algo que hace el cuerpo entero, y no lo que realizan los miembros por separado. La buena postura tiene que llegar a ser tan habitual que no requiera un análisis continuo, sino que pueda responder rápidamente a un modo de pensar correcto.

Un lanzador de béisbol profesional ("pitcher") no tiene que preguntarse cómo lanzar una curva. Si entra en el modo de pensar adecuado y si se disciplina correctamente, la pelota hará lo que él quiere. El cantante necesita disciplinar su postura para responder de la misma manera; es decir, para que su cuerpo trabaje como una unidad en respuesta al pensamiento. Recuerde que la justificación principal para la buena postura es el apoyo del instrumento vocal en la posición más eficaz para su funcionamiento.

"Espejo, Espejo, ¿Qué Me Dices?"

Una canción popular vieja dice que los diamantes son los mejores amigos de la mujer; dudo que sea la verdad. Sin embargo, se puede demostrar que el espejo grande es el mejor amigo del cantante, porque le dirá la verdad, aun cuando sus mejores amigos no lo hagan. Un buen espejo no puede hacer nada más que reflejar correctamente cualquier cosa colocada frente a él. Si uno formula las preguntas correctas, recibirá las respuestas verdaderas. Pero no formule preguntas tales como: "Dime, ¿quién es el más lindo de todos?" puede recibir una respuesta que no le guste.

En cambio, mírese al espejo y pregúntese cosas tales como: "¿Cómo me veo en cuanto a postura?" "¿Estoy correctamente parado?" "¿Están los pies en la posición correcta?" El espejo contestará con la verdad, y uno puede hacer las correcciones necesarias.

Ejercicios delante del espejo:
1. *La Cabeza.*
Adopte su postura natural frente al espejo. No haga ningún esfuerzo por mejorar su postura hasta que haya recibido una instrucción para hacerlo. Primero, intente lograr la mayor altura posible. Fíjese en lo que ocurre con su postura. Ahora, trate de elevar su columna. A menos que ya tenga una postura excepcionalmente buena, notará que de veras parece estar más alto, que el cuerpo está más recto y que la caja torácica parece elevarse.

Luego imagine que está suspendido del techo por un hilo que está fijo en un punto frente a su camisa o vestido, o al cabello encima de la cabeza. Si se deja caer, aunque sea un poco de su peso hacia abajo, romperá el hilo. Imagine este concepto y le ayudará a mantener la buena postura.

2. *Los Pies y las Piernas.*
Mírese al espejo, colocando las piernas y los pies en la posición que cree más correcta para el canto. Controle su imagen en el espejo y las sensaciones físicas al contestar las siguientes preguntas:

¿Están los pies bien cerca el uno del otro, con la punta de uno más adelante del otro? (No importa cuál pie está adelante si se siente natural y cómodo.) ¿Está igualmente distribuido el peso entre los pies y un poco hacia adelante y no hacia los talones?

¿Están las piernas libres de tensión innecesaria? ¿Las siente libremente flexibles y listas para moverse y no tensas y rígidas? (Si parecen tensas, trate de aflojar la tensión.) ¿Están las rodillas estiradas hacia atrás, o están libres de tensión, sueltas y libres para moverse en cualquier momento? (Si las rodillas están demasiado tensas, trate de moverlas un poco hacia adelante como si estuviera flexionándolas.) ¿Están las piernas en una línea recta con el resto del cuerpo? ¿Se ven naturales? ¿Se sienten cómodas?

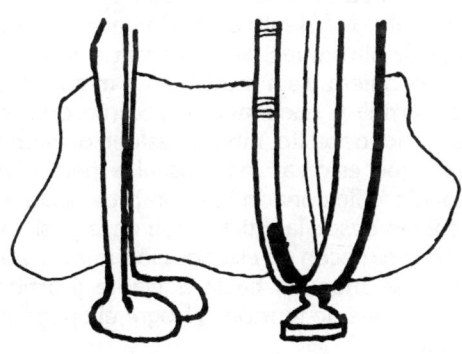

3. El Tronco.

De pie, con el tronco del cuerpo en la posición que cree más correcta para cantar, pregúntese:

¿Me veo natural? ¿Me siento cómodo? ¿Está el tronco del cuerpo en una línea recta vertical?

Al mirarse de frente, ¿sobresale una cadera más que la otra o parecen balanceadas? Al mirarse de perfil, ¿sobresale demasiado el abdomen al frente o las asentaderas atrás? ¿La columna ha logrado la posición más recta posible? ¿La parte inferior del abdomen está cómodamente situada adentro, pero sin tensión?

Inmediatamente debajo de las costillas, ¿siento que la parte superior del abdomen está libre para moverse en cualquier momento? Finalmente, ¿siento demasiada tensión en alguna parte central del cuerpo?

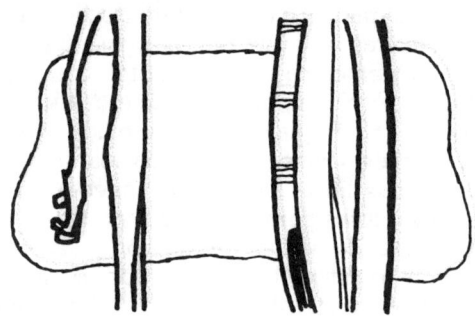

4. La Parte Superior del Cuerpo.

Mírese al espejo, con la parte superior del cuerpo en la posición que cree más correcta para cantar. (Incluya tórax, hombros, cabeza, manos y brazos.) Pregúntese lo siguiente:

¿Me veo natural? ¿Me siento cómodo en esta posición? ¿Está el tórax cómodamente alto antes de comenzar a respirar o a cantar? ¿Mantengo el tórax quieto y sin movimiento mientras que respiro, o me muevo hacia arriba y hacia abajo? ¿Siento que el pecho tiene mucho espacio y no necesito ningún esfuerzo para sostenerlo, o siento que tengo que esforzar los músculos para lograrlo?

¿Me he movido y flexionado los hombros hacia atrás logrando que los brazos caigan desde la articulación en la posición correcta en forma natural? ¿Permanecen en esa posición (atrás y abajo) mientras respiro o canto, o se mueven hacia adelante y arriba? ¿Están los hombros tensos, o libres de tensión? ¿Logré el apoyo a través de un esfuerzo muscular?

¿Los brazos y las manos cuelgan libre y naturalmente a los costados? ¿Tengo gestos tales como cerrar los puños, frotar los

dedos o mover las manos con movimientos nerviosos? (Si los brazos están tensos, suéltelos para relajarlos.)
   ¿Está la cabeza en una sola línea con el cuerpo y centrada sobre los hombros? ¿Está la barbilla colocada un poco hacia adentro y hacia abajo? ¿Los ojos parecen estar nivelados? Finalmente, ¿siento toda la parte superior del cuerpo libre de tensión? ¿Me veo alerta y sereno?

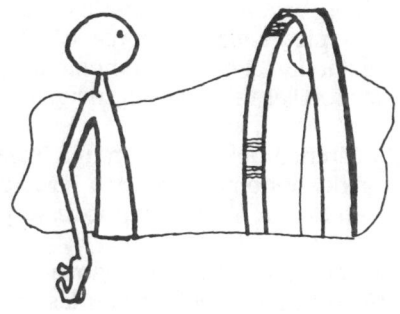

5. *Posición Sentada.*
   Siéntese en una silla sencilla frente a un espejo grande, y busque la postura que le parece más adecuada para cantar. Pregúntese lo siguiente:
   ¿Está la mayor parte del peso apoyado en el asiento de la silla y no en los pies? Desde las asentaderas hacia arriba, ¿está el cuerpo en una línea recta? ¿Estoy sentado derecho elevando la columna? ¿Están las caderas bien atrás en el asiento? ¿Siento la espalda y la cintura derechas? ¿Están los pies en la misma posición como si estuviera de pie?
   ¿Está el tórax cómodamente alto? ¿Los hombros están hacia atrás y hacia abajo? ¿Está la cabeza en una línea directa sobre los hombros? ¿Estoy seguro de que la barbilla no esté elevada? ¿Están las manos relajadas y apoyadas en forma natural en el regazo?

6. *Resumen.*

Este ejercicio es un resumen de los ya presentados. Mírese al espejo de pie en la posición que considera más correcta para cantar. Pregúntese lo siguiente:

¿Me veo bien derecho, elevando la columna? ¿Me siento bien, alerta, sin tensión y vibrante? ¿Está el cuerpo en línea recta desde los pies hasta la cabeza? ¿Está el cuerpo libre de tensión innecesaria?

¿Está el peso bien balanceado entre los pies y un poco hacia adelante? ¿Están los pies suficientemente cerca, y uno de ellos delante del otro? ¿Están las piernas libremente flexibles y listas para moverse? ¿Siento las rodillas relajadas en su lugar, no tensas ni hacia atrás?

¿Está el punto céntrico del cuerpo en una línea recta y vertical, con la parte inferior del abdomen un poco hacia adentro? ¿Está la parte superior del abdomen libre para moverse y la espalda y la columna rectas?

¿Está el tórax cómodamente alto todo el tiempo? ¿Están los hombros hacia atrás y hacia abajo? ¿Están las manos y los brazos colgando naturalmente a los costados? ¿Está la cabeza situada directamente sobre los hombros al mirarse de frente y de perfil? ¿Están nivelados los ojos? ¿Está la barbilla un poco abajo?

Finalmente, si yo estuviera en un auditorio, ¿me gustaría verme cantar? Por supuesto, hay una habilidad especial que le permite poder hacer todas estas cosas *sin* ponerse tenso. ¿Puede desarrollar este hábito?

Lección 3

Sopla en el Aire

¿De Qué Se Mantiene la Voz?

La voz humana es un instrumento de viento. El cantante toma el aire que penetra a los pulmones y lo utiliza como fuente de potencia para hacer vibrar las cuerdas vocales.

En otras palabras, el aire en los pulmones mantiene el mecanismo vocal, de la misma forma que la gasolina en el tanque de un automóvil lo hace andar. Es fácil ver la importancia de que el cantante aprenda la manera más eficaz de respirar y de utilizar aquella respiración para hacer vibrar las cuerdas vocales. Para lograrlo, sería bueno tener alguna idea de cómo opera el aparato respiratorio.

Al tomar aire, éste entra por la nariz o la boca, atraviesa la garganta llegando a la tráquea, y después a los pulmones; se llama inhalación. Al exhalar, el proceso se invierte. El aire entra al cuerpo debido a la acción de un músculo llamado el *diafragma*. Este músculo está ubicado entre la cavidad torácica y la cavidad abdominal. Sirve como "suelo" a la cavidad torácica y como "techo" a la cavidad abdominal; o sea que constituye una partición muscular entre las dos cavidades. Es un músculo grande con forma de cúpula que se conecta con las superficies interiores de las costillas inferiores.

Uno realmente no puede ver ni palpar el diafragma, pero puede averiguar su lugar colocando los dedos en la punta del esternón y pasándolos por las costillas más inferiores al costado hasta llegar a la parte inferior de la espalda. Fíjese en que el diafragma está conectado más a un punto bajo de la espalda que al frente del cuerpo.

Al flexionar el diafragma, su cúpula baja y jala los pulmones. De esta manera estira los pulmones hacia abajo y aumenta su capacidad, creando así un vacío parcial que hace que el aire del exterior penetre al cuerpo para llenar ese espacio.

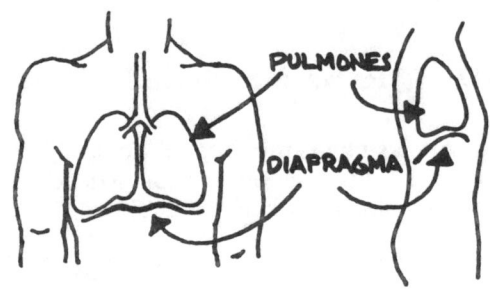

Cuando el diafragma se tensa y baja, empuja el contenido de la cavidad abdominal (estómago, hígado, intestinos, etc.) causando que el cuerpo se ensanche, especialmente la parte superior del abdomen. Algunas personas piensan que esta expansión resulta del aire mismo, pero no es posible. La respiración no puede bajar más que al límite de los pulmones en las costillas inferiores. La expansión resulta del diafragma que baja y la presión simultánea que ejerce sobre los órganos abdominales. Es una muestra de que la parte superior del abdomen está libre para moverse y que, además, lo ha hecho.

También, algunos de los músculos entre las costillas ayudan a la entrada del aire en el cuerpo (se llaman los músculos intercostales exteriores), pero el diafragma es el músculo clave en el control de la inhalación.

Después de inhalar, el diafragma se relaja y la elasticidad de los pulmones, la pared abdominal y los órganos abdominales mismos hacen que vuelva a su posición previa a la inhalación. Esta acción, junto con la ayuda de los músculos abdominales y otros músculos que están entre las costillas, empulsan el aire del cuerpo. Este proceso se llama *exhalación*. Al exhalar, desaparece la expansión alrededor de la cintura y así vuelve a la posición correcta para respirar otra vez.

La respiración es un proceso natural que comienza con el nacimiento y termina con la muerte. Nadie enseña a un recién nacido a respirar, aunque un médico a veces tiene que ayudarle a comenzar. La frecuencia de la respiración y la cantidad de aire que uno toma son funciones naturales del cuerpo humano, determinadas por la cantidad de oxígeno que el cuerpo pide. Esta respiración para poder vivir es automática; no necesita ningún control consciente. Respirar para poder vivir tiene tres etapas: (1) una lenta entrada del aire, (2) una salida un poco más rápida, y (3) un período de espera o de recuperación antes de la siguiente entrada de aire.

La nariz está diseñada para filtrar, calentar y humedecer el aire que entra. Para poder cumplir estas funciones, debe retardar la entrada del aire. Así limita la cantidad de aire que se puede inhalar por la nariz en determinado momento.

Como regla general, la respiración debe realizarse por la nariz. Cuando un alto nivel de energía demanda más oxígeno del que la nariz puede suplir, hay que respirar por la boca, ya que así puede tomar mayores cantidades de aire en forma más rápida que por la nariz. Un buen ejemplo de esto es cuando uno corre rápidamente o hace otro ejercicio vigoroso.

Conservación de Recursos Naturales

Uno de los asuntos mayores que actualmente enfrenta cualquier gobierno es la conservación de energía y otros recursos naturales. En esta misma línea de pensamiento, una de las metas principales del cantante debe ser utilizar sus recursos naturales (lograr los mejores resultados al utilizar la menor cantidad de energía y esfuerzo posibles). Dos de las mejores maneras de alcanzar esta meta son aprender la buena postura y respirar con eficiencia.

La buena postura es el punto de partida, ya que le ayuda a ubicar el aparato respiratorio en la posición más eficiente para trabajar. Hay por lo menos tres condiciones relacionadas con la postura que se deben cumplir antes de respirar: el pecho cómodamente alto, la parte inferior del abdomen cómodamente hacia adentro y la parte superior del abdomen libre para moverse. Controle estos factores antes de cantar, recordando estas palabras clave: cómodamente arriba, cómodamente adentro y libre para moverse.

La respiración natural tiene tres etapas: un período de inhalación, un período de exhalación y un período de recuperación. Estas etapas normalmente no se controlan conscientemente. La respiración para el canto tiene cuatro etapas[1]:

(1) un período para respirar o inspirar (la inhalación)
(2) un período para arreglar todos los controles (la suspensión)
(3) un período controlado para expulsar el aire (el sonido vocal al exhalar)
(4) un período de recuperación o descanso.

Hay que conscientemente controlar estas cuatro etapas hasta que lleguen a ser automáticas y no tenga que pensar más en ellas.

La inhalación para el canto es más rápida, hay una mayor cantidad de aire asimilada y la respiración llega más profundamente a los pulmones que en la respiración natural. Cuando el tiempo lo permita, respire por la nariz, para que pueda limpiar, filtrar, calentar y humedecer el aire. Muchas veces la música no permite tiempo suficiente para respirar por la nariz; cuando suceda así, debe respirar por la boca. Así proveerá la máxima cantidad de aire en el tiempo mínimo.

Al inhalar, el aire parece moverse *dentro* del cuerpo, *abajo* en los pulmones, y *afuera* alrededor de la cintura. Esta expansión alrededor de la cintura es en cierta forma natural, pero también se la debe buscar. (Ya se identificó como el resultado del desplazamiento

---

[1]Van A. Christy, *Expressive Singing*, (*El Canto Expresivo*) 2 tomos, 3a edición. (Dubuque, Iowa: Wm. C. Brown Company, 1975) II, páginas 33-35.

de los órganos abdominales por la presión hacia abajo del diafragma.) Al inhalar, piense en estas palabras clave: *adentro, abajo, afuera por la cintura*. Pueden ayudarle a experimentar las sensaciones físicas correctas al inhalar.

Es especialmente importante establecer el sentir de expansión en la cintura inmediatamente debajo de las costillas. Si la parte superior del abdomen está libre para moverse, es fácil lograr esta expansión cuando respira. La expansión principal ocurrirá específicamente debajo del esternón, pero habrá también alguna expansión por los costados y en la espalda. Si la parte superior del abdomen se constriñe antes de respirar o si está demasiado tensa, es difícil que aquella área se ensanche, y perderá una parte de la capacidad de respiración.

La inhalación siempre debe parecer fácil, sin esfuerzo y sin ningún ruido. El esfuerzo visible en la respiración distrae a la audiencia y la hace sentirse incomoda. Es una señal de que el cantante no ha aprendido a inhalar correctamente; el camino del aire que entra está parcialmente bloqueado y resulta en un sonido angustioso y lleno de aire. La buena inhalación no presenta ruidos y parece fácil. (Se tratará más a fondo este tema en la sección siguiente.)

¡SUENA COMO UNA MOTO!

La *suspensión* no ocurre en la respiración natural, porque no hace falta. Sin embargo, en la respiración para el canto llega a ser vital que el aire se suspenda o se detenga por un momento, justo al terminar la inhalación. El propósito de este momento de suspensión es empezar el apoyo respiratorio necesario para el sonido vocal que sigue. Cuando se hace correctamente, la suspensión hará posible que el sonido comience sin ningún esfuerzo y sin necesidad de ajustar de nuevo los componentes del aparato vocal. Hay que recordar que durante la suspensión, el aire ni entra ni sale; queda quieto y estático.

Un ejercicio para lograr la suspensión se presentará más adelante. Debido a que la suspensión no forma parte de la respiración natural, el cantante tiene que adquirirla y practicarla hasta que su utilidad llegue a ser una segunda naturaleza.

La exhalación controlada en el canto es el período en que el sonido vocal se produce. (El hecho mismo de producir el sonido vocal por la vibración de las cuerdas vocales se llama la fonación.) La cantidad de música que uno tiene que cantar en una sola frase determina la duración de la exhalación controlada. En la respiración natural el aire sale del cuerpo bastante rápido una vez que se relaja el diafragma, permitiendo que los órganos y músculos colaboren en expulsar el aire.

Pero en el canto, es primordial poder conservar el aire y soltarlo lentamente mientras el diafragma suelta la tensión y vuelve a su posición original. Una buena manera de controlar la velocidad de la exhalación es tratar de mantener la expansión alrededor de la cintura. Intente sentir que la parte superior del abdomen, las costillas inferiores y la espalda quedan ensanchadas mientras que el diafragma comienza poco a poco a soltar su tensión. La expansión disminuirá al acabarse el aire, pero debe hacerlo con tanta graduación que uno todavía sienta la expansión durante toda la frase musical.

Lo que realmente ocurre en la exhalación controlada es que los músculos de inhalación y los de exhalación actúan a la vez. Esta tensión balanceada entre las dos clases de músculos se tratará a fondo en la sección acerca del apoyo respiratorio.

La recuperación es un momento breve al final de cada respiración en el cual todos los músculos asociados con la respiración deben relajarse. Los músculos cumplen su función con más eficiencia cuando tienen oportunidad de recuperarse y descansar. Si el período de recuperación es demasiado corto, los músculos tienden a tensarse cada vez más en cada respiración, especialmente si uno está bajo la tensión adicional de cantar en público.

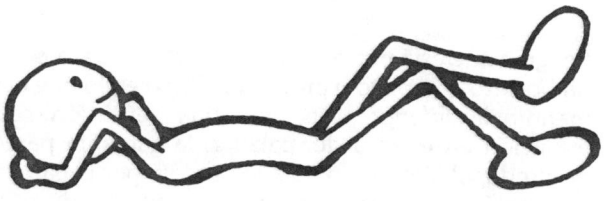

El período de recuperación en la respiración natural es bastante largo; en el canto, muchas veces es muy breve, porque la música demanda un retorno inmediato a la actividad. La presión de obtener una respiración rápida y cantar de nuevo lleva a muchos cantantes a menospreciar o disminuir esta faceta de recuperación, y así crece la tensión aún más.

Hay que practicar las cuatro etapas de respiración en el canto: inhalación, suspensión, exhalación controlada y recuperación, lenta y deliberadamente hasta que su técnica sea segura; luego puede acelerar las etapas de suspensión y recuperación.

Poco a Poco uno Llega Lejos

Poner en funcionamiento los modos de pensar correctos de pensamiento es la mejor manera de establecer la buena postura. Se pueden evitar muchos problemas con una preparación mental correcta. Lo mismo sucede con la respiración. Los siguientes ejercicios están diseñados para ayudarle a poner en funcionamiento estos buenos modos para pensar en cada una de las cuatro etapas de la respiración en el canto.

Modo para Pensar en la Inhalación.

(1) Imagine que está disfrutando del fragante aroma de una rosa, aun hasta el punto de elevarla a la nariz. Fíjese en lo lento y fácil que el aire entra al cuerpo y con tanta profundidad que lo hace sin ningún esfuerzo consciente.

(2) Imagine que está por comenzar a bostezar, pero no entre en un bostezo completo y profundo. Fíjese en lo que ocurre: la mandíbula inferior baja, hay una sensación suave de elevación en el área del paladar, la garganta parece más profunda, el aire fresco baja fácilmente por la garganta y la respiración entra profundamente al cuerpo sin esfuerzo.

(3) Suba la mano a la boca e imagine que está tomando un vaso de agua. Observe con cuánta facilidad la mandíbula cae, la profundidad y el espacio que aparecen en la garganta, y la sensación suave de elevación que tiene el paladar. Si uno respira en esa posición, el aire entrará al cuerpo fácilmente y sin ruido y penetrará profundamente sin esfuerzo.

(4) Coloque las manos en la espalda de tal manera que toque las costillas inferiores y el área inmediatamente debajo de ellas. Inhale la fragancia de otra rosa; debe sentir alguna expansión. Ahora coloque las manos sobre la parte superior del abdomen con los pulgares tocando las costillas inferiores, y los dedos más pequeños tocándose. Inhale otra vez la rosa. Debe sentir más expansión en el abdomen de la que sintió en la espalda o en los costados.

Modo para Pensar en la Suspensión.

Respire profunda y fácilmente, ensanchando la cintura al hacerlo. En el momento en que esté lleno de aire, detenga el movimiento del diafragma. Mantenga esta posición mientras cuenta hasta cinco. No intente guardar el aire cerrando los labios ni las cuerdas vocales, sino mantenga contraído el diafragma.

Será de ayuda imaginar que está inhalando aún después de haberse detenido. Esto le permite establecer un balance entre los músculos de inhalación y de exhalación, lo cual forma una parte esencial del buen apoyo respiratorio. Después de haber retenido la respiración contando hasta cinco, suéltela completa y rápidamente.

Repita esa rutina de inhalar, suspender y exhalar varias veces, contando hasta cinco cada vez que la suspende. Al llegar a ser un hábito, debe abreviar el tiempo de suspensión hasta que sea bien breve. Recuerde que en la etapa de suspensión, no importa la breve que sea, el aire no se mueve ni adentro ni afuera, sino que está estático. Cuando la respiración se suspende, el cuerpo debe sentirse cómodamente ensanchado, especialmente adelante. Mientras el diafragma se mantiene abajo, es fácil mantener esta posición de expansión.

Modo para Pensar en la Exhalación Controlada.

(1) Coloque las manos sobre la parte superior del abdomen con los pulgares tocando las costillas inferiores, y los dedos más pequeños apenas tocándose. Inhale cómoda y profundamente hasta que sus dedos mayores se hayan apartado. Mantenga esta posición ensanchada (suspensión) un momento antes de exhalar. Ahora comience a emitir un silbo ("ssss") soplando suavemente entre los dientes. Mantenga en forma nivelada este sonido hasta que sea posible con un mínimo de presión de la respiración. Intente mantener el momento de suspensión todo el tiempo posible, sin forzar demasiado.

(2) Ahora repita el ejercicio anterior pero esta vez empuje hacia adelante los labios y exhale con más fuerza (sople). Fíjese en cuánto más rápido se pierde la expansión.

(3) Vuelva al ejercicio del soplido ("ssss") y repítalo varias veces; siempre mantenga la suspensión todo el tiempo que pueda con comodidad e intente analizar lo que siente en el abdomen, las costillas y la espalda.

Modos para Pensar en la Recuperación.

Practique las cuatro etapas de respiración en el canto contando mentalmente.

(1) Inhale en tres tiempos.
(2) Suspenda tres tiempos.
(3) Exhale emitiendo un sonido en tres tiempos.
(4) Relájese tres tiempos antes de tomar otra respiración.

Repítalo varias veces.

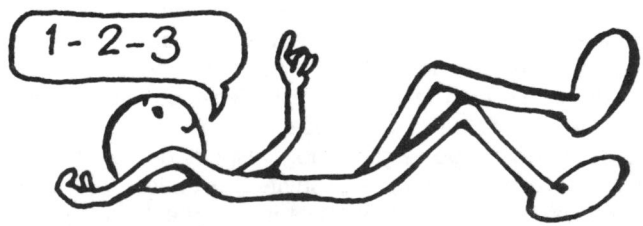

Abrevie la suspensión y la recuperación a dos tiempos pero mantenga los demás pasos en tres tiempos. Repítalo varias veces. Finalmente, abrevie la suspensión y la recuperación a un tiempo cada una pero mantenga los demás pasos en tres tiempos. Repítalo varias veces.

Modos para Pensar en la Respiración de Susto.
A veces hay que respirar tan rápidamente que no hay tiempo para tomar una respiración normal y profunda. Esto ocurre cuando hay que respirar entre dos tonos breves o interrumpir una frase larga. Una respiración rápida de este tipo se llama *una respiración de susto*; requiere un ajuste en la manera que uno respira normalmente.

Hay que acelerar tanto la inhalación como la recuperación, pero sin causar tensión innecesaria. La mejor manera es dejar caer la mandíbula rápidamente al inhalar como si estuviera sorprendido o asustado. Si la caída de la mandíbula y la toma de aire se coordinan correctamente, no habrá ruido, y se podrá inhalar mucho aire en poco tiempo. Uno debe dirigir el aire profundamente dentro del cuerpo y evitar cualquier movimiento nervioso en el pecho y los hombros. El secreto de la respiración de susto está en lograr una abertura completa de la garganta para que nada pueda interferir en el flujo libre del aire o causar ruido de fricción.

Ejercicio de Respiración Frente al Espejo:
Delante de un espejo grande tome la postura correcta para cantar. Inhale por la boca como si estuviera por bostezar. Debe tener la sensación de que el aire pasa adentro, abajo y afuera de la cintura. En el momento que cómodamente se llena de aire, detenga la inhalación y suspéndala dos o tres segundos. Después, exhale sacando lentamente el aire del cuerpo mientras hace el sonido de "sssss". Asegúrese de que el pecho no suba ni baje con la respiración y que los hombros no se muevan. Cuando empieza a acabarse el aire, relájese y permita que salga el aire que quede.

Repita este ejercicio varias veces. Mírese al espejo al respirar para asegurarse de que todo se vea sin esfuerzo. No haga ningún ruido al inhalar. Mantenga la buena postura durante todo el proceso de respiración.

La Felicidad Es la Buena Respiración

La voz es un instrumento de viento; se mantiene con el aire. Cuando se aplica la presión de la respiración sobre las cuerdas vocales, éstas comienzan a vibrar y un sonido vocal (la fonación) resulta. Cuando canta más agudo o más fuerte, se necesita aún más presión de la respiración. El apoyo respiratorio es el proceso por el cual esta presión respiratoria se aplica a las cuerdas vocales.

El apoyo respiratorio es la relación dinámica entre los músculos de inhalación y de exhalación. Su propósito es proveer la presión respiratoria adecuada a las cuerdas vocales para sostener cualquier tono. Cuando uno establece la postura correcta, respira adecuadamente y después suspende la respiración, se pone en funcionamiento una tensión balanceada entre estos dos tipos de músculos.

Por medio de un proceso de tanteo, el cantante aprende a ajustar esta tensión balanceada suficientemente para proveer la presión respiratoria necesaria para determinado tono y en determinado nivel de volumen. En un cantante sin mucha experiencia, la energía respiratoria parece surgir en forma irregular (demasiada en un tono, deficiente en otro) hasta que la experiencia y la práctica constante le enseñen la cantidad exacta de presión de la respiración que necesita.

¿Cómo Debe Sentir Este Apoyo Respiratorio?
De pie con buena postura, siga los primeros dos pasos en la respiración para el canto: la inhalación y la suspensión. Después, comience a exhalar con un sonido suave, soplado y silbado ("sssssss"), como lo ha hecho antes. Hágalo cada vez más fuerte. Observe cuidadosamente lo que siente en el área abdominal al hacer el sonido suave y lo que ocurre al hacerlo más fuerte. Esta sensación se llama *apoyo respiratorio*. Fíjese en el apoyo adicional requerido para un sonido fuerte que para un sonido suave.

Repita este ejercicio, pero en vez de hacer el sonido de soplido, diga la sílaba "un, un, un, un, un" en un sonido continuo y ligado (*"legato"*). Dígala suavemente al principio y después más fuerte; fíjese en el funcionamiento de los músculos abdominales y cómo se sienten cuando utiliza más apoyo.

El apoyo respiratorio es una relación dinámica y siempre variable entre las fuerzas que hacen que el aire penetre el cuerpo y aquellas que lo expelen. Cuando suspende la respiración, estas fuerzas se balancean; el aire ni penetra ni sale. Cuando empieza un sonido vocal, el balance cambia a favor de las fuerzas de exhalación, proveyendo así la presión respiratoria necesaria para las cuerdas vocales. Las fuerzas de inhalación tienen que mantenerse activas para detener la salida del aire del cuerpo, sin estar demasiado activas para poder superar las demás fuerzas. El cantante siente como si estuviera quedándose en la posición de inhalación aunque en realidad el aire está saliendo poco a poco de su cuerpo.

Muchos cantantes creen que hay que apretar con fuerza la parte superior del abdomen para poder apoyar la voz, especialmente en los tonos agudos. Pero si uno tiene buena postura y mantiene la expansión alrededor de la cintura, es sorprendente escuchar lo alto y fuerte que uno puede cantar sin ningún esfuerzo consciente.

El siguiente experimento demostrará por qué no hay que apretar la parte superior del abdomen. Apriete con los dedos de las dos manos el área blanda de la parte superior del abdomen inmediatamente debajo del esternón. Al hacerlo, tosa dos o tres veces. Fíjese en los reflejos de la pared abdominal; en vez de hundirse, más bien empuja contra los dedos. Continúe apretando y diga "¡jay!", fuertemente; debe sentir la misma acción de reflejo de expansión. Si siente que la parte superior del abdomen se hunde en vez de expanderse, está en contra de la naturaleza y no está apoyando la voz correctamente. Esto NO quiere decir que debe empujar o proyectar su estómago deliberadamente. Si mantiene la buena postura y la expansión, el movimiento hacia afuera ocurrirá automáticamente sin ningún esfuerzo adicional.

Continúe apretando con los dedos y diga "¡jay!", con menos volumen. La pared abdominal no se expanderá tanto, pero debe tener una ligera sensación de firmeza.

Cómo Evitar un Neumático Desinflado

Aunque los términos *apoyo respiratorio y control respiratorio* son usados intercambiablemente por algunas personas, realmente no son iguales. El apoyo respiratorio es una función de los músculos de respiración, mientras que el control respiratorio es principalmente una función de las cuerdas vocales mismas. El control respiratorio puede definirse como una relación dinámica entre la respiración y las cuerdas vocales que determina lo largo que uno puede cantar en una sola frase. Si aquella relación no es eficiente (en otras palabras, si las cuerdas vocales no están cerrándose correctamente) es posible que se quede sin aire muy pronto, no importa si el apoyo respiratorio está funcionando bien o no.

Se puede comparar el control respiratorio con un neumático de automóvil; un neumático perfecto no puede mantener el aire si tiene la válvula mala. No importa la cantidad de aire que uno coloque dentro del neumático, seguirá perdiendo aire hasta que cambie la válvula. De la misma manera, hasta que las cuerdas vocales funcionen correctamente, puede encontrarse andando con un neumático desinflado.

Limítese a tomar una respiración profunda y cómoda. Es mucho mejor tomar una respiración de tamaño moderado y aprender a utilizarla eficientemente, que tomar grandes cantidades de aire. La cantidad de aire que el cuerpo puede mantener no es tan importante como la manera en que uno lo utiliza. Si tiene buen control respiratorio y está produciendo un buen sonido vocal, es sorprendente lo largo que podrá cantar aun con una respiración bastante pequeña. Aunque los pulmones parecen vacíos después de una frase larga, todavía contienen bastante aire residual.

En la respiración normal, más de la mitad del aire en los pulmones no sale en la exhalación, sino ayuda a mantener los pulmones inflados hasta la próxima inhalación. Se puede utilizar este aire residual en emergencias y proveerá un apoyo sicológico para el cantante que sabe de su existencia.

¿Cómo debe sentir el control respiratorio?
Respire profundamente por la boca; deje abierta la boca y expulse el aire. Fíjese en lo rápido que se gasta el aire debido a que no está haciendo nada para controlar su paso.

Ahora tome otra respiración profunda, pero esta vez al exhalar, coloque los labios como si estuviera por silbar. Note que require mucho más tiempo para sacar el aire en esa forma; es porque ha comenzado a controlar la respiración con los labios.

Tome otra respiración profunda, y esta vez exhale con un sonido suave de "sssss" como lo ha hecho antes, sosteniendo el sonido todo lo que pueda. Ahora está controlando la respiración usando la lengua y los dientes.

Tome otra respiración profunda, pero esta vez diga, "uno, uno, uno, uno,..." suave y continuamente mientras exhala el aire, sosteniendo el sonido todo lo que pueda. Ahora está controlando la respiración usando las cuerdas vocales, la forma normal en el canto y el habla. Así ilustra el significado del término *control respiratorio*.

Algunos Pensamientos Finales en Cuanto a la Respiración. Al igual que la buena postura, hay que practicar las técnicas de la buena respiración hasta que lleguen a ser tan habituales que no tenga que pensar más en ellas. Establezca modos correctos de pensar y llegará a la meta en la manera más rápida. Un repaso frecuente de los siguientes modos de pensar puede ayudarle a lograrlo.

1. La buena postura precede a la buena respiración.
2. Respire como si estuviera olfateando una rosa.

3. Respire como si estuviera por comenzar un bostezo.
4. Adentro, abajo, afuera en la cintura.
5. Cómodamente arriba, cómodamente adentro, libre para moverse.
6. Inhalación, suspensión, exhalación controlada, recuperación.
7. La respiración se hace sin esfuerzo y sin ruido.
8. Respire como si estuviera tomando un vaso de agua.
9. Pecho cómodamente alto antes, durante y después de respirar.
10. Para una respiración de susto, deje caer la mandíbula y respire como si se le sorprendieran.
11. La cantidad de aire tomado no es tan importante como lo que hace con ello.

Lección 4

Algo Hermoso Es un Gozo para Siempre

¿De Dónde Vienen los Sonidos Hermosos?

Los sonidos hermosos comienzan en la mente y en la imaginación del cantante. Si uno no puede pensar en un sonido hermoso, no puede emitirlo, o si lo hace, es por accidente. Hay que aprender a "fotografiar" un tono hermoso e imaginarlo en el oído antes de poder producirlo correctamente y con regularidad.

¿Cómo puede reconocer un sonido bueno si lo escucha? El sonido es bueno si cumple la mayoría de los siguientes requisitos: placentero al oído, producido libremente con suficiente volumen para escucharlo fácilmente, resonante, producido regularmente, flexiblemente expresivo, vibrante, dinámico, animado y con energía que le permita fluir suavemente de tono a tono. No es un buen sonido si es ronco, lleno de aire, forzado, áspero, restringido, estridente, irritante, débil, demasiado fuerte como un grito, sin color y sin vitalidad o producido irregularmente.

Conocer las características de un buen sonido es una buena manera de llegar a una imagen mental de cómo la voz debe sonar. Esto le ayudará a tener un buen modelo tonal en mente antes de comenzar a cantar. También será de ayuda entender los procesos físicos que están en juego cuando canta. Estos procesos son (1) la respiración, (2) la emisión de un sonido vocal (fonación), (3) el refuerzo del sonido (resonancia) y (4) la formación del sonido en palabras (articulación). El siguiente experimento le ayudará a reconocer estos procesos:

1. En voz alta normal, cuente los números del uno al cinco.
2. En voz baja, repita los números del uno al cinco.
3. Sin hacer ningún sonido, cuente de uno a cinco moviendo solamente los labios, la lengua y la mandíbula.

En el último ejercicio, utilizó solamente un proceso físico: la articulación; es decir, movía y ajustaba los órganos del habla para formar los sonidos, aunque realmente no emitió ninguno audible. Cuando hablaba en voz baja, agregaba dos procesos: la respiración y la resonancia, ya que usaba la respiración para formar el sonido y las cavidades de la garganta, la boca y la nariz como resonadores. Cuando contaba en voz alta, agregaba el cuarto proceso físico: la fonación; es decir, empezaba a producir sonidos vocales verdaderos por medio de la vibración de las cuerdas vocales. Ahora repita el experimento al revés, es decir, primero cuente silenciosamente, después en voz baja, y finalmente en voz alta, observando cuidadosamente los procesos agregados en cada caso.

¿Cómo Hago Arrancar Mi Motor Vocal?

Aprender a cantar un tono vocal es similar a aprender a conducir un automóvil; hay que saber cómo hacerlo arrancar, cómo mantenerlo en movimiento y ¡cómo pararlo!

En el canto, estas tres habilidades se llaman atacar, sostener y soltar un sonido. Cada una de ellas es importante, pero es fundamental que aprenda a comenzar bien el tono. Si empieza el tono con inseguridad, probablemente no lo mejorará mientras lo sostiene.

Modos para Pensar al Iniciar un Tono.

Hay cuatro pasos básicos para aprender a iniciar correcta y cómodamente un tono:

(1) Respire como si comenzara un bostezo.
(2) Piense en expander alrededor de la cintura.
(3) Al llenarse cómodamente de aire, suspenda la respiración por un momento.
(4) Comience el sonido por solamente pensar en hacerlo, sin ningún esfuerzo físico consciente.

El buen ataque empieza en la mente del cantante e incluye una imagen mental correcta del tono (frecuencia), calidad del tono, y el volumen deseado del sonido. Siempre "fotografiar" el sonido mentalmente antes de iniciarlo.

Practique estos cuatro pasos varias veces. Utilice las sílabas *"no"* y *"ma"* al comenzar el sonido. Tal vez conviene utilizar la voz hablada antes de comenzar a cantar. Inicie un bostezo, ensanche la cintura, suspenda la respiración, y diga la sílaba suavemente sin ningún esfuerzo físico consciente. Después, intente cantar la misma sílaba.

Dado que no tiene ningún control directo sobre las cuerdas vocales, no piense en ellas mientras canta. Es mucho mejor pensar en el tipo de sonido que quiere producir y en las sensaciones físicas que produce el buen sonido. Aunque el sonido comienza en las cuerdas vocales, debe parecer que se iniciara en la cabeza cuando lo forma correctamente. Muchos cantantes dicen que el sonido parece comenzar en el paladar de la boca, porque sienten vibraciones allí. Es una magnífica sensación para experimentar.

Una buena manera de experimentar es producir un murmullo (boca cerrada) suave para sentir la vibración en el paladar. (Mantenga los dientes separados mientras canta.) Ahora murmulle la palabra *"mi"* cambiando al sonido de la *"i"* mientras abre la boca un poco: *"mmmmiii"*.

Cada vez que inicia este sonido, practique los cuatro pasos básicos. Trate de lograr el mismo tipo de sensación al decir la palabra *"no"*. En forma escrita sería así: *"nnnnnoooo"*.

Recuerde que el buen sonido:
(1) comienza en la mente del cantante.
(2) se prepara con la buena respiración.
(3) produce una sensación de vibración alta en el paladar de la boca.

Modos para Pensar al Mantener un Tono.

Un sonido largo debe ser constante. No debe fluctuar ni cambiar de calidad tonal ni de volumen, a menos que la interpretación de la música lo demande. Hay que mantener constante la energía utilizada para iniciar el sonido; el apoyo respiratorio constante sostiene el sonido vivo y enfocado.

Es especialmente importante que la energía respiratoria no llegue inesperada ni irregularmente. Hay dos buenas **maneras de asegurar** una fuente constante de energía: (1) mantener la expansión en la cintura por toda la duración del tono; (2) mantener la buena postura, con la columna estirada mientras dura el tono.

Con la buena postura y la respiración correcta, se pone en funcionamiento una tensión balanceada entre los músculos de inhalación y los de exhalación. Esta relación dinámica, que ya se identificó como el apoyo respiratorio, es esencial para poder mantener correctamente el tono.

Cuando sostiene el sonido, imagine que éste fluye libremente del cuerpo, pero que el aire se quede adentro. Por supuesto, el aliento escapa, pero debe salir lo más lento posible. Si puede pensar en la posición de inhalación mientras mantiene el sonido, le ayudará a retardar la salida del aire y a mantener la expansión alrededor de la cintura.

Ejercicios para Mantener el Tono:
Frente al espejo grande, controle la postura y la respiración cuidadosamente mientras practica el sostén de los sonidos largos. Recuerde estar de pie bien recto, estirar la columna, y mantener la expansión alrededor de la cintura mientras dura el sonido. Primero, forme un sonido, boca cerrada en un tono cómodo en la consonante *"m"*, tratando de mantener el sonido constante, vibrante y siempre fluido: *"mmmmmmmmmmmm"*. Repítalo varias veces.

Después, repita el mismo sonido pero con *"n"*: *"nnnnnnnnn"*. Ahora comience con una *"n"* y cambie a la vocal *"o"*: *"nnnnnooooo"*; mantenga la vocal todo lo que pueda con comodidad, mientras mantiene el sonido constante, vibrante, y fluido.

Al mantener el sonido, la garganta debe estar relajada y abierta desde arriba hasta abajo; si mantiene la posición inicial de bostezo, se asegurará esta sensación. A la vez, el paladar de la boca debe vibrar mucho, igual a cuando canta con la boca cerrada; esta sensación ayudará tanto con la calidad tonal como con la eficiencia de la acción de las cuerdas vocales.

No es necesario mover la lengua, los labios ni la mandíbula para sostener el sonido. Estos articuladores actúan cuando inicia o finaliza un sonido, pero no mientras lo mantiene. Una vez que comienza el sonido, la lengua, los labios y la mandíbula toman un descanso hasta que lo finalice, pues ya han cumplido con su función principal y pueden descansar hasta la soltura del tono.

Más Ejercicios para Mantener un Tono:
Frente al espejo, practique el sostén de los sonidos. Obtenga la sensación del comienzo del bostezo al inhalar y trate de mantenerla mientras canta la vocal *"a"*: *"aaaaaaaaa"*. Repítalo varias veces. Además de la sensación del bostezo, debe sentir vibración en el paladar. Ambas sensaciones son guías valiosas. Emita la vocal *"aaaaaa"* varias veces, a la vez pensando en la abertura de su garganta y la vibración en el paladar bucal.

Ahora practique cantando un sonido sostenido en la sílaba "ma"; mantenga el control visual para asegurarse de que los labios y la mandíbula se ven relajados después de terminar con la *"m"* del sonido. Después, diga *"ma"* varias veces mientras sostenga el sonido, *"ma, ma, ma, ma, ma"*. Continúe verificando en el espejo que los labios y la mandíbula se vean libres y relajados. Repita el mismo ejercicio con la palabra *"ya, ya, ya, ya, ya"*.

Modos para Pensar en Terminar un Tono.
Una buena finalización del sonido se logra soltándolo lo más tarde posible en forma nítida, precisa y firme. No debe caber ninguna duda de que ya terminó el tono; nunca debe desvanecer ni morir por falta de energía. El apoyo respiratorio necesario para sostener el sonido debe continuar hasta la terminación. No permita que el apoyo falle antes de que termine el sonido; si lo hace, tanto el tono mismo como la calidad del sonido se afectan. Sea cuidadoso en no anticipar la soltura final. Si la adelanta, el sonido puede quedarse sin el apoyo suficiente o puede tensar la garganta preparándose para una consonante final.

Hay palabras que terminan en consonantes como *amén, natural* y *Dios*. Si la consonante final se coloca en forma rápida, firme y exactamente en el momento correcto, usualmente resultará en una buena terminación. Pero muchos cantantes no cuidan bastante las consonantes finales y pocas veces usan la energía y la agilidad suficiente. La consonante final debe retardarse hasta el último instante posible; en aquel instante, la debe colocar firme y rápidamente. Piense en la consonante como la verdadera soltura final del sonido.

Nunca intente terminar el sonido deteniéndolo o apretándolo en la garganta o cortando la respiración. Tal terminación causa tensión y resulta en un sonido forzado. Permita que los órganos formativos del sonido lo finalicen, y el sonido forzado desaparecerá. Cuando el sonido termina con una vocal, debe también soltarlo como si terminara con una consonante (firme y rápidamente) con los articuladores.

Efectivamente, al mismo instante que los labios, la mandíbula y la lengua sueltan el sonido, las cuerdas vocales y el mecanismo de apoyo respiratorio también lo sueltan en un solo movimiento sincronizado. Sin embargo, es mejor que el cantante piense que los labios, la lengua y la mandíbula lo hagan.

Ejercicios para Terminar el Tono:

Frente al espejo, mire los labios, la lengua y la mandíbula mientras practica las terminaciones de los sonidos. Cante la palabra "sol" varias veces. Sea cuidadoso en mantener el tono constante hasta el último instante posible y después, coloque la "*l*"final rápida, firme y nítidamente. Cuando la soltura se haga correctamente, debe sentir que los labios, la lengua y la mandíbula soltaron el sonido.

Después, practique cantando la palabra "ya". Suéltela firmemente mientras afloja los labios de la misma manera que hizo con la "l" final de "sol". Intente otras combinaciones de vocales y consonantes; se puede utilizar casi cualquier sílaba para practicar.

¿Qué Hacer Cuando las Cosas Salen Mal?

¿Qué ocurre cuando uno se esfuerza para pensar en sonidos hermosos, pero a pesar de todo los sonidos bonitos no salen? Se puede adjudicar el problema a uno o más componentes del instrumento vocal: la fuente de potencia, el vibrador o el resonador; en otras palabras la respiración, las cuerdas vocales, o la garganta, boca o nariz.

Si la respiración es el problema, la causa usualmente es la mala postura o la falta de conocimiento o de comprensión de la función del apoyo respiratorio. Para asegurarse de que la respiración no causa el problema, repase los ejercicios en cuanto a la buena postura (la lección 2) y aquellos que ponen en funcionamiento el apoyo respiratorio (la lección 3). Si cree que la respiración está funcionando correctamente, y todavía el sonido no sale bien, entonces debe dirigirse al vibrador o al resonador como causas posibles del problema.

Cuando Funciona Mal el Vibrador.

Al emitir un sonido, hay tres condiciones básicas en las cuerdas vocales: (1) pueden estar demasiado relajadas, (2) demasiado tensas, o (3) correctamente balanceadas.

Cuando las cuerdas vocales están demasiado relajadas, no se cierran completa ni eficientemente; el resultado es un sonido lleno de aire, porque hay demasiado de este pasando entre ellas. La respiración perdida resulta en un tono pobre y lleno de aire y hay que evitarla. Cuando las cuerdas vocales están demasiado relajadas, es difícil lograr el control respiratorio porque el aire escapa demasiado rápido, de la misma forma que escapa el aire de un neumático con la válvula mala. Una de las metas principales del cantante es conservar la respiración todo el tiempo posible, y NO tratar de sacarla lo más rápido posible.

Cuando las cuerdas vocales están demasiado tensas debido a que experimentan mucha presión, el resultado es un tipo de sonido duro, tenso, áspero y forzado, el cual está lejos de ser hermoso. Muchas veces otros músculos cerca de las cuerdas vocales se ponen tensos también e interfieren en la emisión vocal.

La condición ideal es que las cuerdas vocales estén apenas tensas para evitar que el aire se escape demasiado rápido, y a la vez suficientemente relajadas para que vibren libremente sin perder la hermosura tonal. En este caso se dice que la tensión en las cuerdas vocales está balanceada.

Cómo Enmendar el Sonido Soplado.

La gran mayoría de las personas que comienza a aprender el canto tiene un sonido lleno de aire o soplado. Si usted es un alumno nuevo, es muy probable que su sonido natural sea así, especialmente si tiene menos de dieciocho años. En este caso, significa que las cuerdas vocales no están cerrándose suficientemente y que el aire está escapando. La manera obvia de modificar el sonido lleno de aire es aprender a cerrar correctamente las cuerdas vocales.

Desafortunadamente, uno no controla directamente las cuerdas vocales. No puede ordenarlas que se abran o se cierren, diciéndoselo solamente. Sin embargo, puede aprender a controlarlas indirectamente a través de la mente, o sea, por pensar correctamente. Puede abrir las cuerdas vocales al pensar en el comienzo de un bostezo. Puede cerrarlas al pensar en el canto mudo, aun sin hacerlo. Ensaye este sonido de la boca cerrada (*"mmmmmm"*) para mejorar el sonido soplado.

Ejercicios que Mejoran el Sonido Soplado:
  Frente al espejo grande, comience un bostezo, expanda la cintura, suspenda la respiración y empiece a vocalizar la *"m"* con la boca cerrada. No fuerce el sonido con el aliento ni trate de apretarlo; intente experimentar el sonido vibrando entre los labios y en el paladar bucal. Empiécelo otra vez, y mientras lo mantiene, cambie a la vocal *"i"*: *"mmmmmiii"*; trate de sentir la misma vibración en la *"i"* que sentía con la *"m"*. Alterne los dos sonidos suavemente: *"mmmiiimmmiiimmmiiimmmiii"*. Después, empiece con *"ni"*, y luego, *"no"*; trate de sentir la misma clase de vibración en cada uno de los tres sonidos.
  A veces las cuerdas vocales no se cierran completamente debido a que el cantante no utiliza energía suficiente. En este caso, el problema está más relacionado con las emociones que con el acto de cantar; cantar más fuerte y más dinámicamente, estar de pie bien derecho y respirar profundamente pueden ayudar a las cuerdas vocales a cerrar mejor. Si inhala correctamente con la consecuente expansión alrededor de la cintura y el diafragma funciona como apoyo respiratorio dinámico, muchas veces se puede eliminar el aire excesivo y cantar con más vigor.
  Si le falta aliento frecuentemente aun en las canciones más fáciles, y casi nunca dispone del aire suficiente, es una evidencia fuerte de que el sonido está lleno de aire y que hace falta aprender a cerrar mejor las cuerdas vocales.

  Cómo Enmendar el Sonido Apretado.
  El sonido apretado resulta de la tensión excesiva en las cuerdas vocales y del cierre de las mismas con demasiada firmeza. Muchas veces hay demasiada tensión en otras áreas cercanas del cuerpo, tales como la garganta y la mandíbula. La forma obvia de comenzar a corregir este sonido apretado es aprender a relajarse.
  El comenzar un bostezo y mantener aquella sensación mientras canta es una de las mejores maneras para relajar la tensión en el instrumento vocal. Todos los ejercicios de la primera lección,

diseñados para soltar el cuerpo y prepararse para cantar (soltar los brazos y las piernas, rotación de la cabeza, flexión libre de la mandíbula, etc.) pueden ser de mucha ayuda también. Frente al espejo grande, busque cualquier señal de tensión que observe al cantar; contrólese en cuanto a la rigidez del cuerpo, la tensión en la cara y otras señales de esfuerzo muscular. Trate de lograr en la cara una expresión relajada y placentera, y a la vez el cuerpo listo para moverse en cualquier momento. Trate de evitar cualquier modo de pensar que crea tensión. A su vez, evoque pensamientos constructivos y positivos.

Vibraciones Buenas

Cuando las cuerdas vocales vibran produciendo sonido, estas vibraciones hacen que otras áreas del cuerpo vibren también. Estas áreas se llaman resonadores, porque ayudan a reforzar el sonido básico y a mejorar su calidad. Los resonadores vocales más importantes son la garganta, la boca y a veces la nariz. Cuando aprenda a formar la garganta y la boca correctamente, puede "afinar" las vibraciones que proceden de las cuerdas vocales. Cuanto mejor aprenda a afinar los resonadores, mejor saldrá el sonido.

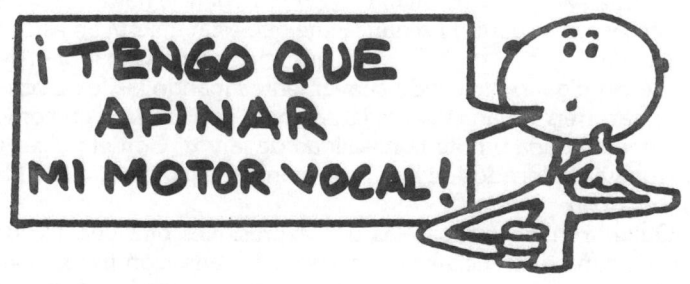

La garganta funciona mejor como resonador cuando está un poco relajada, como al principio de un bostezo. Desde esta posición uno puede ajustarla fácil y rápidamente a cualquier sonido deseado. No lo puede hacer si la garganta está rígida o tensa.

También la boca funciona mejor como resonador cuando la mandíbula, los labios y la lengua están libremente relajados, como al principio de un bostezo. En esta posición puede ajustarlos fácil y rápidamente a cualquier sonido deseado. No lo puede hacer si están tensos o fijos en un solo lugar.

La nariz es un resonador importante también, pero solo en ciertos sonidos. Hay solamente tres sonidos que requieren el uso de la nariz: *"m" "n"*, y *"ñ"*.

¿A Dónde Se Fueron las Vibraciones?

Realice el siguiente experimento. Frente al espejo, con buena postura para cantar, coloque la mano derecha firmemente en el pecho y diga *"bon, bon, bon"* fuertemente, manteniendo la *"n"* final. Debe sentir la vibración de los huesos del tórax debajo de la mano. Ahora coloque la mano en la garganta y diga *"zum, zum, zum"*. Sentirá la vibración debajo de la mano. Mantenga allí la mano y diga *"sigue, sigue, sigue"*. Ahora cierre los dientes y haga un sonido de zumbido (*"zzz,* vocalizado"); sentirá los dientes vibrando contra sí mismos. Ahora cierre los labios y haga un sonido con la boca cerrada; los sentirá vibrando y además sentirá una vibración en el paladar bucal. Haga el sonido de la *"n"* y apriete un dedo firmemente en la parte superior de la nariz. Ahora vocalice con la boca cerrada fuertemente al apretar los dedos de las dos manos en los huesos superiores de las mejillas. Ahora zumbe apretando la frente o la parte superior de la cabeza con las manos. Estas dos o tres últimas vibraciones no serán tan fuertes, pero debe intentar sentirlas de todos modos.

Realice este experimento: mientras zumba, apriete la nariz firmemente con el pulgar y otro dedo para darse cuenta de lo que ocurre. (El sonido se corta.) Ahora repítalo con el sonido sostenido de *"n"*. Luego sostenga la sílaba *"bum"* y apriete la nariz. (En los dos casos el sonido se corta.) La nariz tiene que estar abierta en estos tres sonidos (*"m"*, *"n"*, y *"ñ"*) para que sirva de resonador. Ahora coloque el pulgar y otro dedo suavemente tapando las fosas nasales sin apretar. Repita varias veces la palabra *"pan"*. Fíjese en como la nariz suena tapada y note la nasalidad de la voz. Con el pulgar y el dedo todavía colocados de la misma manera, diga, *"¡ajá, ajá!"*. Haga lo mismo con *"¡oh, sí!"*.

Quite la mano y repita las dos expresiones otra vez. No debe haber ninguna diferencia en el sonido ni la sensación física, porque en estos casos la nariz no se usa como resonador. Solamente resuena en la *"m"*, la *"n"*, y la *"ñ"*.

Cuando las Vibraciones Se Descarrilan.
Es posible que cualquier de los tres resonadores importantes (la garganta, la boca o la nariz) sean utilizados más allá de su capacidad. Si trata de lograr resonancia por sólo usar la garganta, su voz tenderá a ser oscura y tapada. Si se concentra en la resonancia bucal, el sonido tenderá a ser demasiado brillante y apretado. Si utiliza demasiado la nariz, sonará sumamente nasal.

A modo de experimento, trate de cantar una canción familiar en las tres formas mencionadas. Primero, cántela con los labios bien abiertos como en una risa forzada; el sonido será brillante, transparente y apretado. Segundo, cubra los dientes con los labios hasta que la boca quede casi cerrada; el sonido será oscuro, tapado y engolado. Por último, trate de cantar todos los sonidos en la nariz; ¡probablemente sonará como una nariz!

La mayoría de los profesores de canto prefiere un sonido que ni es demasiado brillante ni oscuro, y por supuesto no demasiado nasal. El mejor sonido es el que tiene resonancia suficiente en la garganta para ser rico, pleno y suave; posee resonancia suficiente en la boca para ser brillante, claro y retumbante; y resonancia nasal solamente en las tres consonantes nasales (*"m"*, *"n"*, y *"ñ"*).

La posición del inicio del bostezo en combinación con la relajación de los labios, la lengua y la mandíbula le ayudarán a lograr el balance deseado entre los resonadores. Hay pocos pensamientos que ayudarán al cantante tanto como aquel bien sencillo de comenzar el bostezo; de modo que debe formar parte permanente de su manera de lograr a cantar tonos hermosos. ¡Recuerde que los sonidos hermosos comienzan en la mente y la imaginación del cantante!

Lección 5

Comunicar o No Comunicar, Esta Es la Pregunta

Un Regalo de Dios para los que Cantan

¡Los seres humanos somos las criaturas más bendecidas de toda la creación de Dios! ¿Por qué? Porque fuimos creados a imagen de Dios mismo y nos ha dado el poder de pensar y comunicar el significado de estos pensamientos por medio del habla y del canto.

Todo músico puede comunicar en forma significativa a través de la música que ejecuta, pero solamente los cantantes pueden comunicar un significado específico por medio de la letra que cantan. Cuando esas palabras comunican el mensaje de las "buenas nuevas" del Camino, la Verdad y la Vida, Jesucristo, tanto la música como la letra se elevan al nivel máximo de utilidad; por eso importa aún más que el cantante sea capaz de comunicar la letra de tal modo que todos aquellos que escuchan entiendan el significado de las palabras.

Hay dos procedimientos por medio de los cuales el significado de la letra de una canción puede aclararse: (1) *la articulación*, proceso por el cual los órganos de fonación transforman el sonido vocal en palabras reconocibles del habla; (2) *la interpretación*, proceso por el cual uno puede comunicar el espíritu o el significado de la música por la manera en que se ejecuta.

El punto de partida en la comunicación del significado es el proceso de la articulación. Si uno espera que el oyente entienda la letra, es la responsabilidad del cantante articularla de tal manera que el oyente no tenga dificultad alguna en entenderla. Si uno no puede cantar para que las palabras sean entendidas, es mejor no incluirlas y actuar como si fuera trompeta, violín o cualquier otro instrumento que no puede comunicarse a través de las palabras.

Los órganos del habla que se mueven y se ajustan para formar los sonidos se llaman *articuladores*. Los tres principales son los labios, la mandíbula y la lengua. Para articular bien, hay que pensar correctamente. Antes que nada, piense que todo el movimiento de los labios, la lengua y la mandíbula tiene que ser rápido y positivo. De hecho, es una buena idea exagerar estos movimientos hasta que realmente toda la letra sea fácilmente entendida por otras personas.

¡No tema exagerar demasiado! Pocos cantantes articulan realmente bien. La razón principal es que no se dan cuenta de que para el canto, el movimiento de los labios, la lengua y la mandíbula debe ser más fuerte y más eficiente que en el habla diaria. Será de ayuda si imagina que canta a una persona en la última fila de un gran auditorio. También le ayudará si aprovecha cada oportunidad de practicar en un auditorio u otro salón grande.

Otro pensamiento positivo que puede ayudarle a articular mejor es imaginar que todos los movimientos de articulación ocurren en frente de la boca (en lugar de adentro). Todos los movimientos serán rápidos y nítidos, pero sin tensión innecesaria.

Recuerde, los movimientos de los labios, la lengua y la mandíbula serán positivos y veloces, algo exagerados y siempre con la sensación de que se produzcan delante de la boca. Los pensamientos correctos le ayudarán a articular bien y a dirigir las acciones de cada articulador particular.

Los Labios.

Si los labios han de funcionar bien como articuladores, tienen que estar libres de tensión y listos para moverse cuando se necesiten. Imagine que los labios son de goma y que rebotan y se separan libremente al formar sonidos tales como *"b"* y *"p"*. La posición de los labios debe ayudar a que la cara logre una expresión vital y placentera. Es valioso aprender a comunicar tanto con la cara, como con la voz. Evite extender los labios en una sonrisa forzada; sólo el comienzo de una sonrisa es suficiente. También evite cubrir los dientes con los labios o empujar los labios hacia afuera mientras que canta. Cualquiera de las dos posiciones afectará negativamente su calidad tonal.

La Mandíbula.

Si la mandíbula ha de funcionar bien como articulador, tiene que estar libre de tensión, y lista para moverse cuando sea necesario. La manera más fácil de lograr esta sensación es a través del comienzo del bostezo. (¿Dónde ha escuchado esto antes?) Cuando empieza a bostezar, la mandíbula cae libremente.

Muchos de los músculos utilizados para masticar están ligados a la mandíbula. Es esencial que estos músculos se relajen mientras canta. Si están tensos, la garganta tenderá a ponerse tensa también y la voz sonará apretada.

Apriete los dientes y comience a tragar saliva; fíjese en la cantidad de tensión en la garganta y la boca. Obviamente esta NO es la posición correcta para cantar. Ahora comience un bostezo y fíjese en cómo la tensión desaparece.

La razón por la cual la mandíbula tiene que estar libre para moverse en cualquier momento es que la dimensión de la abertura bucal debe variar cuando cante más agudo o más grave. La boca debe abrirse más ampliamente al cantar más agudo y debe cerrarse un poco al cantar más grave. Cuando abra la boca, la mandíbula debe caer hacia abajo y un poco atrás. Nunca empuje la mandíbula hacia adelante, ni hacia atrás, ni la fije en una sola posición; sino permita que caiga libremente abierta y hacia atrás.

La Lengua.

Si la lengua ha de funcionar bien como articulador, tiene que estar libre de tensión innecesaria y lista para moverse en cualquier momento, igual que los labios y la mandíbula. Todos los movimientos deben ser rápidos, firmes y precisos. La lengua es el articulador más importante; ayuda a formar todos los sonidos vocales y muchas de las consonantes. Si sus movimientos no son correctos, algunos de estos sonidos no se emiten en forma clara e inteligible.

Como la lengua tiene que moverse para todos los sonidos, vale que tenga un lugar de descanso; es decir, un punto de descanso o de referencia. Para la mayoría de los cantantes el mejor lugar de descanso parece estar sobre la encía de los dientes inferiores. La punta de la lengua debe descansar ligeramente en la encía cuando cante todas las vocales. La lengua tendrá que moverse para articular ciertas consonantes; sin embargo, la punta siempre debe volver a la encía para la próxima vocal.

Tenga cuidado de no mover la lengua para atrás hacia la garganta ni de ninguna manera tensarla. Nada arruina la buena dicción tanto como una lengua tiesa, lenta o perezosa. Recuerde que los movimientos de la lengua tienen que ser rápidos, firmes y precisos. Si no los son, vale la pena hacer algunos ejercicios, como trabalenguas, para lograr mayor agilidad lingual. (Ver el apéndice.)

La Esencia del Buen Tono

Hay dos tipos básicos de sonidos en el habla: vocales y consonantes. En general, las vocales son el tipo de sonido sobre el cual uno realmente canta: la esencia del tono. El tono fluye de una vocal a la otra en una línea continua de sonido. Las consonantes interrumpen esta fluidez tonal y la separan en unidades reconocibles (sílabas) que el oyente agrupa en palabras. Es decir, que uno entona la mayor parte del canto en vocales y comunica la mayor parte del significado con las consonantes.

Para ilustrar la diferencia entre vocales y consonantes, cante cualquier canción o himno familiar, eliminando todas las consonantes; cante solamente los sonidos representados por las letras: "a", "e", "i", "o", "u" ("y"). Si nunca ha intentado esto, le puede parecer difícil al principio, pero con el tiempo notará que no lo es tanto. ¿Piensa que uno puede entender lo que está cantando? Obviamente que no.

Ahora trate de cantar lo mismo y deje fuera todas las vocales; el tono vocal está casi totalmente apagado por las consonantes. Sin ellas la voz sería solamente otro instrumento, hermoso tal vez, pero sin ninguna habilidad para comunicar palabras. Sin las vocales la voz se transformaría de un instrumento musical, en un tipo de sonajero y se perdería la hermosura.

Dado que las vocales son la esencia del tono, hay que entrenar la voz a pasar suavemente de una vocal a otra sin ninguna separación entre los tonos sucesivos. Después de haber dominado esto, hay que aprender a colocar las consonantes sin interrumpir el flujo tonal. Esto se llama ligado (o *"legato"*, el término musical en italiano). Muchos profesores de canto creen que un flujo realmente ligado del tono es el verdadero corazón de todo canto hermoso, y que el secreto del buen canto está en la conexión de las sucesivas vocales de las palabras de la canción.

Ejercicio de Ligado.
Elija una tonada que conoce bien y cántela con la vocal *"a"*. No use ninguna consonante y cante lo más ligado posible. Permita que la voz fluya de tono a tono sin ninguna interrupción ni vacilación; no deje separación alguna entre dos tonos. Repita el ejercicio hasta que esté seguro de que la voz realmente fluya de un tono a otro.

Después, cante la misma tonada pero agregue una *"l"* delante de cada tono que canta: *"la, la, la, la"*. Cante por toda la duración y siempre lo más ligado posible. No permita que nada detenga el flujo tonal; entónelo completamente continuo. Fíjese en que puede agregar las *"l"* sin interferir con el flujo tonal.

Ahora cante la tonada otra vez, pero con la letra indicada. Trate de cantarla tan ligada como la hacía con *"a"* o con *"la"*. Si ejecuta las consonantes suficientemente rápido y con nitidez, no interrumpirá el flujo del tono.

Haga lo mismo con otros cantos que conoce bien. Primero trate de establecer el flujo tonal en una sola vocal. Intente con otras vocales en vez de la *"a"*. Luego agregue una consonante, como *"l"*, *"m"*, *"n"*, que no interrumpe la fluidez tonal. Finalmente, cante la canción con la letra, siempre seguro de que no pierda la fluidez tonal.

Se puede definir las vocales como sonidos no restringidos del habla que pueden ser sostenidos o prolongados. Por estas características, las vocales son la base de la mayoría de los ejercicios vocales para los nuevos alumnos. Hay que practicar las vocales hasta que la voz fluya libremente en la parte más cómoda de la extensión vocal; después, usará otros ejercicios vocales para extender y ampliar el registro. Una meta en cuanto al buen canto es aprender a cantar respetando los límites naturales de la voz sin ningún cambio obvio de la calidad tonal. ¡Recuerde! las vocales son la esencia del buen tono.

Cómo Convivir con las Consonantes

Para el cantante las consonantes son males necesarios. La vocal lleva el tono; la consonante interfiere. La vocal es el sonido no restringido del habla; a los cantantes les fascina entonar sonidos hermosos con ellas. La consonante es el sonido restringido del habla; algunas de ellas, tales como *"s"* (mesa), *"z"* (zapato), *"c"* (cena) y *"ch"* (leche) son nada más que ruido. La vocal permite que la voz fluya naturalmente; algunas consonantes, tales como *"b"* (album), *"d"* (perdon), *"p"* (capa), *"g"* (gozo), *"c"* (como), *"q"* (quiero), *"v"* (convidar) y *"t"* (total), la cortan completamente.

No se ejecutan todas las consonantes de la misma manera; sin embargo, todas tienen algo en común: la obstrucción que colocan en el camino del tono. Esto es un problema que el cantante tiene que confrontar siempre. Si elimina completamente las consonantes, o si las menosprecia, las palabras no se entienden. Si las coloca fuertemente para que sean entendidas, tienden a obstruir el tono. ¡Qué problema! Sin embargo, todo tiene solución. Hay tres principios básicos que le pueden ayudar a ser más feliz cuando hay que convivir con estas "terribles consonantes".

Regla 1.

Hay que colocar las consonantes rápidamente. Dado que todas las consonantes tienden a interferir en la emisión tonal, cuanto más rápido se las pueda formar, menos tiempo y espacio ocupan y menos oportunidad hay de que interfieran con el tono. Cuanto más tiempo se necesite para formar una de las consonantes que realmente bloquean el tono (tales como "b", "v", "d", "t" y "p"), más oportunidad hay de dañar la calidad tonal o aun la posibilidad de bloquearla completamente.

Entrene los articuladores a alcanzar la velocidad máxima. Imagine que tiene la lengua de una serpiente o de otro reptil. Tal vez ha visto con cuánta rapidez los reptiles mueven la lengua para atrapar un insecto. ¡Entrene su lengua así para acabar con las consonantes!

Regla 2.

Articule las consonantes firmemente. Hay que colocar las consonantes con firmeza principalmente por estas dos razones: (1) usualmente las vocales no se proyectan bien, especialmente en un salón o auditorio grande; (2) pueden ayudar al cantante a establecer y mantener una buena y sólida producción tonal de las vocales que siguen. Las consonantes firmes proporcionan la energía necesaria para la buena vibración en las cuerdas vocales. Recuerde que hay que exagerar un poco todo movimiento articulatorio en el canto, especialmente cuando las dimensiones de la sala son grandes.

¡Muchos cantantes simplemente no pueden creer la cantidad de energía articulatoria que realmente se utiliza para hacerse entender en un auditorio!

Regla 3.
Muchas consonantes requieren dos movimientos distintos de articulación, especialmente si se escuchan a larga distancia. Por ejemplo, en las consonantes tales como "r", "rr", "t" o "l", la punta de la lengua tiene que subir de su lugar de descanso hasta la encía superior y después volver rápidamente a su lugar original. Este movimiento de regreso debe ser riguroso, como si la lengua rebotara de la encía superior. Si la lengua regresa lentamente o se queda en forma elevada dentro de la boca, puede interferir con la siguiente vocal. Las consonantes tales como *"b"*, *"v"*, *"p"* y *"m"* se ejecutan juntando los labios y separándolos luego. La *"f"* se ejecuta apretando el labio inferior firmemente contra los dientes superiores y después separándolos. Este movimiento vigoroso de retorno es el factor clave para escuchar las consonantes a larga distancia.

Hay que tener cuidado especial con las consonantes iniciales o finales de las palabras. Una vez más el movimiento vigoroso de rebote es importante. Las consonantes iniciales facilitan el camino para el sonido vocal siguiente. Evite el mal hábito de omitir las consonates finales. Para evitar el comienzo falso de un tono (en un tono inferior y subiendo al correcto), coloque la consonante inicial en la misma frecuencia (en el mismo tono) de la vocal siguiente con suficiente apoyo respiratorio para asegurar un firme sonido vocal. Se coloca una consonante final en la misma frecuencia (en el mismo tono) como la vocal que la precede, y el apoyo respiratorio continuará hasta la terminación final.

Recuerde que las consonantes son interruptores del sonido; interfieren en el sonido si no se articulan correctamente. Hay que emitirlas rápida y firmemente y, donde sea posible, con dos movimientos distintos. Las consonantes son absolutamente esenciales para la buena dicción; ¡hay que aprender a convivir con ellas!

Una Vez Más, con Expresión

Uno puede entonar una canción observando todas las reglas: buena postura, respiración, apoyo respiratorio, tonos hermosos y utilización de los articuladores y todavía fallar como cantante. La comunicación es más que lograr que la letra sea entendible o demostrar una buena técnica vocal. Si uno se comunica bien, tendrá una respuesta de sus oyentes, porque no solamente logrará que sea entendible la letra, sino también el verdadero *significado* de las palabras y la expresión musical de ellas llegarán a aquellas personas que escuchan su interpretación de la canción. Después de haber aprendido a cantar una selección musical y de haber observado todas las reglas, ¡cántela una vez más, *de corazón*!

Hay pocas cosas que sean tan torpes o sin inspiración como una canción presentada sin involucrarse con la parte emocional, un poema leído en forma monótona, o una charla o conferencia presentada en la misma forma. La música y el habla requieren el contraste: contraste entre el ánimo y la relajación, entre lo fuerte y lo suave, entre sonido brillante y el oscuro, entre los agudos y los graves, entre movimiento rápido y lento. El cantante u orador tiene que envolverse personalmente en el significado del texto. Cuando se logre, las palabras ganan nuevas profundidades de significado por la manera de presentarlas.

Algunas palabras tienen más importancia que otras por su posición en la frase o por su significado. Las palabras tales como "amor, odio, tristeza, gozo, dormir, apurar, muerte, vida, frío, y cálido" deben sugerir distintos colores de voz, distintas dinámicas, distintos grados de participación emocional, distintas expresiones faciales y aun distintas posturas del cuerpo.

Lea o recite las líneas siguientes del Salmo 23 con cada sílaba de cada palabra exactamente igual, la misma longitud, la misma dimensión dinámica, el mismo diapasón y tono, la misma expresión.

"Jehová es mi pastor; nada me faltará. En lugares de delicados pastos me hará descansar; junto a aguas de reposo me pastoreará."

¿Qué podrá ser peor que esta presentación mecánica de un texto tán hermoso?

Ahora lea el texto otra vez, y trate de destacar las palabras importantes y expresar el significado del texto a través de la forma en que su voz sube y baja; diga algunas sílabas o palabras más fuertes que otras. Deténgase en tales palabras como "Jehová, pastor, descansar, delicados pastos, aguas de reposo": enfatice palabras tales como "hará" y "pastoreará". Deje que la imaginación le sugiera distintas maneras de interpretar el texto. Léalo como si lo leyera a alguien que nunca lo hubiera escuchado, o a alguien que estuviera medio sordo. Trate de dejar que la emoción personal se revele en la voz, en la cara y en la postura.

A muchas personas les han enseñado a esconder las emociones o a evitar cualquier demostración pública de ellas. Los cantantes tienen que aprender a permitir que las emociones hablen libremente por medio de la música. Suponga que está cantando un arrullo a un infante; él no puede entender las palabras, pero sabe exactamente su estado de ánimo (feliz, triste o enojado) por su tono de voz. Si usted es como la mayoría de las personas, puede comunicarse fácilmente con un infante o un niño pequeño, pero muchas veces no está muy dispuesto a hacerlo con adultos. ¡Aprenda a soltar esa inhibición! ¡El cantante tiene que estar dispuesto a tomar riesgos emocionales!

Una buena manera de extraer el significado del texto de una canción es memorizarla antes de aprender la música que la acompaña. Estudie el texto hasta que esté completamente consciente de lo que se trata; después, recítelo en voz alta, utilizando todos los medios expresivos a su disposición (diapasón, color tonal, volumen, inflección, ritmo y velocidad) para comunicar aquel significado. Hágalo *antes* de tratar de descubrir lo que la música dice.

La Biblia dice: "En el principio era el Verbo. . ." (Juan 1:1a). Por supuesto, alude a Dios mismo, y no al texto de un canto; sin embargo, hay una aplicación práctica para el cantante, ya que las palabras de una canción muchas veces existen antes de escribir la música. Por eso, debe estudiar la letra de la canción antes de estudiar la música.

Una parte integral de la interpretación de cualquier canción es la fidelidad a las intenciones del compositor. Al aprenderla uno debe tratar de respetar los ritmos, la melodía, los tiempos y las demás indicaciones dados por el compositor. Trate de descubrir lo que él quiere comunicar a través de la música, y cántela exactamente como él la escribió. Si después de un estudio sincero y diligente encuentra que tiene un problema en expresar la canción tal y como está escrita, puede ser aceptable hacer algunos cambios menores en la velocidad, ritmo o dinámica para ayudarle a expresarla mejor. Pero solamente se permite *después* de haberla intentado a la manera del compositor varias veces.

Comunicar o no comunicar, esta es la pregunta. El mejor comunicador es aquel que utiliza las vocales para llevar el tono, las consonantes para hacer inteligibles las palabras y todos los poderes expresivos para comunicar el significado del texto y la hermosura de la música. Esta es la meta suprema del cantante: **comunicar bien.** ¡Vete y hazlo también!

SEAN GRATOS LOS DICHOS DE MI BOCA Y LA MEDITACION DE MI CORAZON DELANTE DE TI, OH JEHOVA, ROCA MIA, Y REDENTOR MIO.

Actividades para el Aprendizaje Personal

Lección 1

Llenar los espacios con las palabras correctas.

1. ¿Cuáles son los tres componentes principales de cualquier instrumento musical?
   (1) el _____
   (2) la fuente de _____
   (3) el _____

2. En la voz humana, ¿cuáles son estos componentes?
   (1) Las ___cuerdas_____ vocales son el _____ del cantante.
   (2) La fuente de _____ del cantante es la _____
   (3) El resonador consiste principalmente en la _____, la _____ y la _____ del cantante.

3. Un estado normal de leve tensión continua en el tejido muscular que facilita una respuesta al estímulo se llama _____.

4. Girar la cabeza en grandes círculos y mover la cabeza adelante y atrás soltará los músculos del _____.

5. Después de preparar todo el cuerpo, uno debe empezar cantando _____ y _____ y en un registro _____.

6. La _____ es uno de los primeros indicadores de que algo anda mal en el cuerpo.

7. Los tres pasos en el cuidado de la voz son:

   (1) _____

   (2) _____

   (3) _____

8. El peor enemigo del cantante es la demasiada _____.

9. La mejor manera de aumentar la fuerza, duración y agilidad es a través del _____ de la voz.

10. ¿Ha hecho los ejercicios de esta lección? _____ Si no, vuelva al principio de la lección y hágalos. Fórmese el hábito de hacerlos cada día.

Lección 2

Coloque una **"V"** delante de las frases verdaderas y una **"F"** delante de las frases falsas.

_____ 1. La buena postura no es importante para el cantante.

_____ 2. La buena postura ayuda al cantante a tener mejor apariencia física.

_____ 3. La buena postura cansa más que la mala postura.

_____ 4. La buena postura facilita la buena respiración.

_____ 5. La buena postura le ayuda a sentirse mejor.

_____ 6. La buena postura dificulta la producción tonal.

_____ 7. La tensión es el peor enemigo del cantante.

_____ 8. Uno debe practicar la buena postura hasta que llegue a ser un hábito.

_____ 9. Demasiada tensión en los músculos puede causar temblores en el cuerpo.

_____ 10. Sea cuidadoso en no elevar la columna ni enderezarse.

11. Subrayar las palabras descriptivas de la buena postura:
    erguida   flotante   tensa
    flexible   expansiva   rígida
    columna estirada   espalda cansada   derecha
    rodillas sueltas   abdomen inferior hacia afuera
    hombros elevados   abdomen superior adentro
    peso balanceado   movimiento vertical de los hombros

12. ¿Ha hecho los ejercicios en esta lección? _____ Si no, vuelva al principio de la lección y hágalos. ¡Haga de la práctica un hábito diario!

Lección 3

Llenar los espacios con las palabras correctas.

1. La voz es un instrumento de _____. Se alimenta del
   _____

2. El músculo más importante que lleva el aire dentro del cuerpo se llama el _____.

3. Las tres etapas de la respiración natural son:
   (1) una lenta _____ de _____,
   (2) una _____ un poco más _____ y
   (3) un _____ de _____.

4. Las cuatro etapas de la respiración para el canto son:
   (1) la _____
   (2) la _____
   (3) la _____ con sonido
   (4) la _____.

5. Cuando hay tiempo suficiente, debe respirar por la _____
   _____. Cuando se necesita mucho aire muy rápido, respire por la _____.

6. En la respiración de susto, hay que dejar caer la _____
   _____ inferior rápidamente al
   _____

7. El _____ es una relación dinámica entre los músculos de inhalación y los de exhalación.

8. El modo de pensar para la inhalación es como si comenzara un _____ _____

9. Cuando inhala, la dirección del movimiento es _____ _____, _____ y _____ en la cintura.

10. El apoyo respiratorio es una función de los músculos de _____. El control respiratorio es una _____ dinámica entre la _____ y las _____ _____.

11. La respiración se hace sin _____ y sin _____.

12. La _____ de aire NO es tan importante como el _____ de ello.

Lección 4

1. Los sonidos hermosos comienzan en la _____ y la _____ del _____.

2. Tachar las palabras que NO describen un buen sonido:
   resonante   afónico   débil
   estrecho   placentero   rico
   raspante   soplado   tembloroso
   vibrante   dinámico   forzado
   áspero   libremente producido

3. Los cuatro procesos físicos en el canto son:

   (1) la _____

   (2) la _____

   (3) la _____

   (4) la _____

4. Hay cuatro pasos básicos en aprender a iniciar un buen tono:

   (1) Respire como si fuera el _____ de un _____.

   (2) Sienta una expansión en la _____.

   (3) Al estar cómodamente lleno de aire, _____ la _____.

   (4) Comience el sonido sin ningún _____ consciente.

5. Mientras se sostiene un tono, uno puede obtener una fuente constante de energía por mantener la _____ alrededor de la _____ y la buena _____.

6. ¿Cuándo y cómo se hace una terminación buena? La más _____ posible y en forma _____, _____ y _____.

7. (1) Si las cuerdas vocales no están cerradas bien o están muy relajadas, el sonido será _____ _____ _____.
   (2) Si están cerradas con demasiada tensión, el sonido será _____, _____ o _____.

8. ¿Qué pasará si uno utiliza demasiado la boca como resonador? El sonido será demasiado _____ y _____.
   ¿La nariz? El sonido será demasiado _____.
   ¿La garganta? El sonido será demasiado _____ y _____.

Lección 5

1. (1) El proceso por el cual los órganos del habla forman el sonido vocal en una palabra reconocible se llama la __

    _____

    (2) El proceso por el cual uno comunica el espíritu o significado de una canción por la manera en que la ejecuta se llama la

    _____.

2. Los articuladores principales son los _____, la _____ y la _____.

3. Los articuladores deben estar libres de _____ y listos para _____ cuando se _____.

4. La mandíbula debe _____ libremente al cantar más agudo.

5. (1) La _____ debe tener un lugar de descanso.
   (2) Sus movimientos deben ser _____, _____ y _____.

6. (1) Las _____ son la esencia del canto.
   (2) Las _____ hacen las palabras inteligibles.

7. Dar tres principios básicos para el uso de las consonantes:
   (1) colocarlas _____
   (2) colocarlas con _____
   (3) requiren dos _____

8. Las _____ interrumpen el sonido.

9. ¿Qué se debe memorizar primero, el texto de una canción o la música? _____

10. Una manera para hacer la voz más expresiva es que imagine que está cantando a un _____.

Apéndice
Trabalenguas

Instrucciones: Repítalos buscando la mayor claridad posible, primero. Después, poco a poco repítalos más rápido, siempre seguro de que se entiendan.

1. El cielo está enladrillado. ¿Quién lo desenladrillará?
   El desenladrillador que lo desenladrillare,
   buen desenladrillador será.

2. Un tigre, dos tigres, tres tigres.

3. El arzobispo de Constantinopla está arzobispolizado.
   El desarzobispolizador que lo desarzobispolizare,
   buen desarzobispolizador será.

4. En un plato de trigo comen tres tristes tigres.

5. En el triple trapecio de Trípoli trabajan trigonométricamente tres trastocados tristes triunviros trogloditas tropezando atribulados contra Tricinis y Trajano, y otros tres tristes trastos triturados por el terrible trapense.

6. Poquito a poquito Copete empaqueta
   poquitas copitas en este paquete.

7. Si Pancha planchaba con cuatro planchas,
   ¿con cuántas planchas Pancha plancha?

8. Si Rosa Rizo, rusa, reza en ruso,
   ¿cómo reza Rosa Rizo, rusa, en ruso?

9. Tengo una gallinita pinta, perlinta,
   perlitanca y toda repitiblanca.
   Si la gallina no fuera pinta, perlinta,
   perlitanca y toda repitiblanca,
   no serían sus pollitos pintos, perlintos,
   perlitancos y todos repitiblancos.

10. Mariana Magaña desenmarañará manaña
    en la maraña que enmaraña Mariana Magaña.

11. En un juncal de Junqueira juncos juntaba Julián.
    Juntóse Juan a juntarlos y juntos, juntaron juncos.

12. Pelo a pelillo el pelo perdiendo,
    Lope Lopillo llegó a pelón.

13. María Chucena su choza techaba.
    Y un techador que por allí pasaba
    le dijo: — Chucena, ¿tú techas
    tu choza o techas la ajena?
    — Ni techo mi choza, ni techo la ajena;
    Yo techo la choza de María Chucena.

14. Guerra tenía una parra y Parra tenía una perra,
    Y la perra de Parra mordió la parra de Guerra
    Y Guerra le pegó con la porra a la perra de Parra.
    — Diga usted, señor Guerra: ¿Por qué le ha pegado
    con la porra a la perra?
    — Porque si la perra de Parra
    No hubiera mordido la parra de Guerra
    Guerra no le hubiera pegado con la porra a la perra.

15. Paco Peco, chico rico, insultó, de modo loco,
    a su tío Federico, y le dijo:
    — Paco Peco, poco a poco, poco pico.

16. Pedro Pérez Pita, pintor perpetuo, pinta paisajes
    por poco precio para poder partir pronto para París.

17. Yo tengo una muñeca pezcuecipelicrespa,
    el que la despezcuecipelicrespare,
    buen despezcuecipelicrespador será.

18. Tres tristes tigres tragaron tres tazas de trigo.

19. El que compra pocas capas, pocas capas paga.
    Como yo compré pocas capas, pocas capas pago.

20. ¿Será aquí donde vive don Pedro Pérez Crespo y Calvo?
    ¿A cuál don Pedro Pérez Crespo y Calvo busca usted?
    A don Pedro Pérez Crespo y Calvo de la Villa,
    A don Pedro Pérez Crespo y Calvo de la Orilla,
    O a don Pedro Pérez Crespo y Calvo del Carrascal,
    Porque aquí viven tres Pedros Pérez Crespos y Calvos.

21. Si cien sierras aserran cien cipreses,
    seiscientas sierras aserran seiscientos cipreses.

22. Buscaba el bosque Francisco, un vasco, bizco muy brusco, y al verlo le dijo un chusco: — ¿Busca el bosque, vasco bizco?

23. Si Prieto me aprieta, yo también aprieto a Prieto.

24. La sucesión sucesiva de sucesos sucede sucesivamente con la sucesión del tiempo.

25. Diga albóndiga; albóndiga diga.

NOTAS